咔噠！我用

故事

開啟了孩子的世界

Contents

　　故事，引領內在心路歷程，開啟兒童心靈世界。謝佩芝博士提供一把「金鑰匙」，讓時下年輕人不拒養兒育女，輕鬆應對。

台北市大安區大安國民小學校長

心理學博士媽媽的說故事金鑰

　　轉眼之間，與佩芝老師共事已有十年。十年光景裡，見證了她孜孜不倦為學系事務奔波，為教育學生勞心勞力，其對學術及輔導傳承之堅持，深得同事及同業之尊敬。

　　讀畢本書，更感到謝博士的用心。她以深入淺出的方法，用不同的故事，帶出心理學的理論，並加入中國傳統智慧的元素，讓讀者明白艱深及抽象的心理學知識。 更難得的是，謝博士介紹了很多不同年代的文學作品給讀者認識，讓讀者比照現代研究及先賢之見，並加以印證。

　　謝博士加入了很多配合時代的元素，讓新世代及學生也較易理解書中內容。身為父母的讀者，會對書中之軼事，會心微笑，也會想試試跟子女說說書中故事。輔導工作者及業界人士，更可藉此充實自己之輔導技巧，更上一層樓。

　　本書揉合了多方面的心理學知識及謝博士的經驗之談，不同的讀者應會有所得著。

李允安 博士

香港樹仁大學心理及輔導學系系主任

當孩子最棒的舵手吧！

作者以金鑰啟動大船，展開乘風破浪的旅程為比喻，企圖用輕鬆、動感、有訣竅的方式引領父母，猶如芝麻開門、或多拉ㄟ夢小叮噹般地穿梭進入另一親子間可靈慧共想、開放自由、互通有無的奇幻心靈世界。

一般父母親常將睡前定為說故事時間，精挑細選有名的讀物向兒女獻寶，亦會擷取自己重要精彩的人生片段說故事給子女聽，卻很少像本書作者所傳達的：深入地在日常生活中，處處、時時、刻刻均展開以最佳聽故事和說故事的態度及行動，巧妙地與子女們進行溝通交流。

讀此書無須擔憂沒講到什麼理論和心得技巧，作者忠實用心地介紹自己的學問領悟，分享精闢的兒童觀察和經驗，並推薦有效的記錄與實踐分析方法。雖然我的兒女們早已長大成人，自己在專業領域上對敘事及現象學，一路運用並不陌生，然而讀到這本書時仍覺津津有味、一路暢讀，有相見恨晚的感覺……這絕對是一本值得用心品味和細讀收藏的親職用書。

許樹珍 教授

國立陽明大學社區健康照護研究所教授

創意故事金鑰，轉動教養神奇魔力！

故事，本身就是一個非常精彩有趣的題材。即使泡浸在輔導工作及專上教育工作三十多年的我，對它仍然熱情不減。那一個個動人的「故事」，正繼續燃亮著我的工作熱忱。

本書乃《故事——打開兒童成長大門的金鑰》的重新修訂版，高興它再與有緣的讀者建立起一份獨特的關連。細味書中理論，恆不過時，惟社會上的人與事都經歷變遷，也為我的「故事庫」增加了不少的珍貴儲藏。因此，決定重新修整，再次與讀者會面。新版在內容上有六方面的改動：

❶ 用了新的書名以配合時代氣息的變動，「咔噠！」彷彿為故事添上立體聲響與動態感。

❷ 新增了「觀察、了解與發現」的第六章。它是以兒童觀察為中心，協助讀者更好地使用觀察法去認識孩子。

❸ 重新整理及加入了新的表格及插畫風格。

❹ 補充了部分由於社會形態變遷所引發的新生態場景。

❺ 修整了篇章的標題用詞，並為故事人物配以時代感的名字。

❻ 為本書再添新貌，由書中的一位小主角臻臻（現已長大）親自為本書設計封面、封底，及添加新的意象式插圖（我稱它為「芒果仔與它的新藝術」）。

誠願讀者欣賞閱讀之餘，同時從中獲得更多在教育兒童上的啟發與支援！

謝佩芝

PART 1

筆者導言

哎喲，我找到一把鑰匙

哎喲，養兒育女怎麼這麼難呀！

每當兩個年輕人準備要結婚，你猜猜，他們會選擇：倆口子過活呢？還是生兒育女呢？

面對生養兒女的事，我聽過不少年輕夫婦都說過同一句話：「跟他們偶而玩玩還可以，但要生要養，那可就難了！生小孩這事，可免，則免！」

進入千禧年代後，我身旁認識的大多數人都選擇了不當父母，他們拒絕迎接新一代生命的誕生，寧可選擇過獨立自由、只有二人世界的夫妻生活。即便他們選擇生兒育女，也會選擇在較長的年紀、及有足夠的經濟和精神體力的儲備，才敢計劃並迎接小孩的來臨。這現象說明了城市人的工作及生活壓力越來越大，他們認為當父母的責任太沉重、太長遠和挑戰太大。現今世代，願意生兒育女的，都要有一份極大的勇氣和耐性，才能完成這個使命！

但從另一方面來看，對於那些勇敢接受父母天職的夫妻們，當看到自己孩子出生，看著自己眼前的小生命展現出的真摯、動人、可愛，都會感受到陣陣的溫馨暖意。小生命的一舉一動、一笑一哭，都足以牽動父母的心靈五臟，令我們快樂，亦能令我們

掛肚牽腸。《燕詩》中有這樣的一句：「索食聲吱吱，黃口無飽期」，正貼切地形容父母照顧幼兒的疲累感受。但偶爾一個甜美笑容，一聲逗趣啼叫，卻又紓緩了父母的緊張心情，為父母帶來一種很微妙的幸福感覺。

　　只是，有一點也是真實的，就是隨著孩子漸漸成長，父母遇到的困難也相應與日俱增，不是父母不願意做好他們的角色，而是這個角色往往帶來太大的衝擊且令人心疲力竭！現代的年輕夫婦聽多了當父母之後所產生的疲累與無力感，多少也會懼怕起來。於是，「再觀察一下」、「再拖一會」、「晚點才考慮是不是生孩子吧！」的話就一一從他們的口裡說出來。因為他們擔心無法盡到做父母的本分，養育好自己的孩子。

芒果仔 Baby

　　我是一個輔導者，但我也是一個媽媽。我寫這本書就是為了給那些正面對教育孩子而傷腦筋的父母打氣、鼓勵，也給那些還沒有信心生小孩的夫妻安慰和支持。因為我有一把神奇的鑰匙，擁有這把鑰匙，你就可以放心，因為教養孩子會因此變得容易許多。拿到鑰匙後，看著及陪著自己的小孩（或別人的小孩）一天天的進步，一天天的改進，我們做父母（教導者）的心中所衍生出來的快樂和成就，是任何事物所無法比擬的。

1-1 一道有關故事的金鑰

　　我要提供給你的，是一把很特別的金鑰匙，它可以非常有效地開啟孩子的心靈世界；對孩子所付出的愛，就不會因衝破不了困難而變得落空；有了它，大家會有了唾手可得的資源來克服問題；你還可以與子女建立穩固的親子關係，好好地成就當父母的偉大天職。

　　這把金鑰是什麼呢？它就是「故事」金鑰，當中包含了「說故事」和「聽故事」這兩面。可不要小看「故事」，有效的講和聽，足以改變你和你的孩子，甚至可以改善（增進）現在整個家庭的和諧幸福。故事的特別在於能夠在語言溝通、關係建立、情緒疏導、教育治療等之上，幫你發揮出顯著成效。

1-2　故事金鑰的妙用

　　故事，是一道開啟兒童世界中「關心之門」及「教育之門」的金鑰；故事的妙用在於既能開拓我們的理性世界，同時也能豐富我們的感性世界。

　　是什麼力量吸引著學生聆聽課堂的教學？是什麼力量叫那些本來就精力充沛、無法安靜下來的活潑孩子睜大眼睛，全神貫注地傾聽老師的說話呢？不正是那一個個從生命經驗發出來的故事麼！

　　故事是什麼？故事，是生硬理論的靈魂；是課堂中必須的調味品。沒有故事的課堂，學生會睡覺；沒有故事的演繹，參與者不易理解艱深的理論。讀心理學的學生，若不把自己的生活故事融入學習歷程裡，就不能消化學習到的新思維和心理學的理論。人與人之間，如果沒有了故事，關係會變得空洞；父母與子女間，如果沒有了故事，溝通會變得僵硬和缺乏趣味。

　　我盼望藉著這本書，讓各位父母或從事兒童工作的人，能從與孩子的接觸經驗裡，學習到怎樣有效幫助孩子，也能夠得到更多的自我心靈洗滌，並從生活的經驗裡獲得更多的生活智慧，讓你看到困難的生活裡，確實存在著非常美好的一面。

　　現在請各位乘客準備好，讓我們一起拿著這道金造的鑰匙，來開啟〈乘風號〉大船的引擎，在這一片白濛濛的大海之上，迎

接成長路途上一個個艱難的波浪,破浪而行,向著生命無垠的方向,乘風啟航。各位父母、各位老師、輔導者,你現在就是這艘大船的副舵手,請拿出你的生命勇氣,與我一起踏浪同行。

理論與應用

{ 認識你的孩子及認識故事
可以發揮的作用 }

CH 2 培育孩子為何困難?

　　筆者的看法是:教育孩子確實難!有時是非常難!有時更是非常非常難!但不要放棄,因為還是有破解的方法。難,是因為現在的世代更替比以前快,快到我們無所適從,不知道下一步該怎麼走;非常難,是因為我們自己也沒有好好成長的機會和環境,沒有好好的「受教」長大成人,只是被社會模製出來的「成年人」,社會化的過程使我們日復一日失去了自己的「童真」以及「童心」;說它非常非常難,是因為我們太急於想孩子長高長大,三歲的小孩要有五歲(八歲更好)的IQ智商,十五歲的孩子最好能承擔二十歲的責任(大學畢業,出人頭地)。這些事情太難太難了……

父母的壓力

2-1　世界在變

　　現代孩子成長的世代與父母的童年世代截然不同。以我所生長的香港為例，一九三〇至一九五〇年代成長的孩子，經歷過戰爭的洗禮，物質生活相對匱乏，更甭提受教育了；到了一九六〇至一九八〇年代，孩子們的物質生活由匱乏變成得以溫飽，也都有念中學甚至大學的機會，社會資源和工作機會變多了，只要肯努力，生活便會改善，經濟變得寬裕；一九九〇年代後，香港社會經歷了相當複雜的變化，大多數成年人在亞洲金融風暴下經歷了由盛轉衰的人生一頁，從「魚翅漱口」到「負資產入肉 註1」（房貸資不抵債），個人收入大幅萎縮，工作時數不斷增加，職業前景極不明朗，很多青年人面對的是剛畢業就失業、甚或從來沒就業過。整個社會被金融風暴震得跌跌盪盪，惶惶不可終日；二〇〇〇年以後的香港，渡過了艱難歲月，父母可以支持年輕一代進修再進修的支出，下訂金買貴絕的 200 平方呎的劏房 註2，但無法解決他們在就業機會下降，人生意義感日趨失落的人生煎熬。

　　面對以上世代的種種轉變，成年人單憑自己過去的經驗已不足應付，甚至完全用不著（不管用）。不是無力應付，就是非以全力應付不來。

註1 入肉是香港口語用法，意思是某種負面的感覺刻骨銘心、入心入肺。
註2 劏房，即將住宅單位分割成數個更小的部分的行為。

當成年人再看到現在新生代小孩子所面對的新處境、新需求，和那總是花樣百出、層出不窮的育兒新知識、新食品、新玩意兒時，父母們真的要付出更多的金錢和關懷，這教人怎會不「累」呢？任誰都不敢保證：「我應付得來，我的小孩會在良好的環境下健康成長。」這是大部分香港人的共同心聲，相信也是類似處境的其他地球村人的心聲。

筆者接觸過不少輔導個案，案例中的父母，在子女的幼年至學齡時期都能夠非常用心用力地教導他們。可是，當到了青少年階段，孩子有著急劇的變化，面對子女的反叛行為、瞬息萬變的情緒轉變，父母完全不能理解，既感無奈、又感憤慨，親子的關係可以一下子從良好變成緊張和惡劣；筆者甚至接觸到一些父母，會後悔生了這樣的小孩，因為他們奉獻了全部愛心，但孩子的反叛行為卻令父母傷透了心；還有些父母，為了維繫良好的親子關係免於破損，從此變得神經兮兮、戰戰兢兢、謹慎小心，以免再發生衝突，而至終日惶惶恐恐、焦慮異常。

培育孩童成長，確實是一個艱鉅的任務，做父母的都要經歷一幕幕有形的、無形的衝擊和變化。這些現象，有些是父母能夠估計的，有些則是無法想像的。但無論如何，這些都是父母要面對的課題，這就是我們這個急促幻變的新世代所獨有的特徵，這也是教孩子的第一難！在往後的章節裡，筆者會用「故事」這道金鑰，帶大家去「衝浪」，衝破這一波波成長困難的浪，御浪而

行，享受滑浪、衝浪的無窮樂趣。

2-2　勿把童真給弄丟

　　教育好孩子的第二個困難，是我們自己已經「變成了」成年人。許多人沒有注意到，從社會生活中累積的做人經驗，就是一個社會化的過程，而社會化的結果就是將一個人的童真、幼稚和清純完全覆蓋。

　　一般而言，成年人只有在心情極度放鬆和閒適的情形下，或者是透過某些誘發的事件、過程，才會讓自己心裡真正的「童心」、「童真」流露出些微，或多一點點來。

　　然而隨著生物年齡的增加，「童真」和「童心」就不再被成年人社會接納，而須拋棄或隱藏。一旦我們失去童真，就很難以同理心的方式去了解自己小孩的小小心靈世界、內在需要和產生共鳴，沒有了相應的「共鳴」，處理孩子的疑難，就會變得困難，也更難再進一步談什麼是最理想和真正的教育了。

　　下面是一個我們日常生活中經常遇到的衝突例子：

　　一位母親，看到四歲的女兒又尿濕了褲子，頓時發起脾氣說：「叫妳去上廁所，妳老是不肯，每次都要尿褲子。」於是一邊說一邊打了孩子幾下，以示懲教。

　　問題的關鍵在於母親自己已經長大成人，忘記了（忽略了）

在生理上來說,四歲的孩子對小便的控制發育,才剛預備好不久,偶爾會因為許多不同的原因而導致一時失敗,本無須過分的苛責,只要耐心了解指導和給予支持,就可以順利渡過。這種對孩子「運用同感」,是非常重要的「孩童教育的前提」。

2-3　勿把孩子誤當「小大人」

教育孩子的第三個困難,在於我們教導孩子社會化的過程中,竟大意地忘記了他們只是個小孩子,而非一個「小大人」。成年人很容易誤把小孩看成一個「只是身軀尚未長大,但思想行為和生活技巧都已能承擔起並明白大人責任」的「小大人」。不但如此,父母還常常會不自覺地認為小孩子也跟自己一樣,已具備豐富多變的學習能力。比方說,大人經常認為,孩子應該明白「不要說謊、自覺地做好功課,不偷懶,要聽教」等做人的原則。孩子一旦做不到,大人就會施加無情的重懲,「棒下出孝子」,要小孩們在恐懼裡懂得改變。

可是問題來了,就如上面所說,大人能夠明白大人世界的事,但小孩子不是大人,他們是需要經過身體年齡和社會經歷洗練等多方面的成長及學習後,才能逐漸建立起一個較完整的社會觀及抽象價值信念,才可以成為「大人」,一些像「不要偷懶」、「要聽話」等抽象的道德價值觀,八、九歲以前的孩子是不太能夠掌握和了解的。孩子們儘管是聽過了,說知道了,但卻仍是「尚待

鞏固」！成年人以為已跟孩子說過三遍、五遍，他們就應該會做好，不然就一定是他們又不聽教了，這種想法是不對和不必要的。孩子的抽象價值信念，若假以時日鞏固及適當引導，是可以成功達到的，家長不必恨鐵不成鋼，過於緊張和憂慮。

當孩子被以「小大人」的教育方式教導長大，會造成他們從小就只知道背負責任，只懂得服從、聽話、循規蹈矩，卻缺少了兒童應有的快樂、天真、創意無限及自由自在的心裡記憶。這帶來了可怕的結果是：孩子們雖然長大了，童年生活卻是枯燥、沉重納悶和沒有活力，這可是巨大的損失。一個真正成功的大人，應該在負責任、勤勞服務、懂人情世故以外，還要有無限的創意、及創造快樂、天真活潑及自由自在的心境，才能是一個真正擁有豐富生命的人。

曾經有一位女士，童年時候經常被母親虐打，在嚴厲體罰環境下長大的她，到了自己成為母親之後，卻從受害者變成了加害者——用回自己母親的體罰方法來教育她的孩子，並傲慢地說：「我今天之所以孝順我的父母，就是被母親打出來的，⋯⋯，我生了他（她的孩子），就有權打他。」學者 Boszormenyi-Nagy & Krasner 稱這種現象為「被毀損性對待帶來的後遺補償」（destructive entitlement , Boszormenyi-Nagy & Krasner , 1986）。這該怎樣辦呢？我看急切的解救方法是重新認識自己，明白虐打的深遠負面影響，慢慢將自己的心思調整轉換過來，以避開這個一代復一

代的悲劇。

　　一個人在成長的過程中，沒有被別人公平、公正、關愛地看待，他是不會懂得用公平、公義、關愛的方法去對待自己的孩子和身邊親密的人。不但如此，他還會深深地被自己的成長經驗影響及同化，變成一個冷漠無情的人。古龍筆下《絕代雙驕》裡的「小魚兒」，不正就是一個被「惡人谷」十大惡人養大的新「小惡人」嗎？「小惡人」若無法轉化成平常人，就會變成「大惡人」。

　　大家有空時不妨好好地坐下來想想，自己是不是這樣長大，也以這種相同的方法，教導你的孩子及學生。要知道如果這些兒童世界的獨特性沒有被大人正確了解，會造成小孩們的「童年階段」很快被奪走，大人們過早將成人的責任交給他們，例如：照顧弟妹，負責家務。這些孩子長大後，往往失去許多珍貴的童年片段和記憶，對自己的童年很模糊，沒有太多的印象，並且多半也會以「想當然」的態度來教養自己孩子，奉為金科玉律的策略。這裡頭的錯誤，當然是太早將過多、而不是適量的責任及義務加諸在孩子身上，以致引起這難以挽回的過錯——我們只是在不斷地複製著一個個的「小老頭」！

　　雖然表面上許多父母並不認同上述這位母親的做法，但事實上，當我們一旦面對著孩子們那些無法理解的行為和不合邏輯的反應而仍然屢教屢犯時，父母往往會同樣在自己的內心產生與這

位母親一樣認為他們「教而不善」，必須用嚴厲的方法才能有效控制或改變這些不正確的行為。其實骨子裡，父母已經不自覺地把孩子當作是「成年人」的「延伸版」或「2.0 轉換版」，忽略了小孩子有小孩子的學習方法，與我們成年人習慣的學習方法有天壤之別。

2-4　都是全天候照顧惹來的禍

　　教育孩子的第四個困難，是因為這些年間社會在變動，出現了與「小大人」現象相反的另外一個極端，它就是「港孩、港爸、港媽、媽寶、靠爸族、小公主和小王子」的現象。要了解這些現象的出現，可以從Bowen的「家庭系統理論」（Bowen , 1978; Framo , 1992）入手。

　　根據 Bowen 的理論，在家庭關係之中人是互相緊扣，並且相互影響，代代相承。上一代的父母會影響我們，同時，我們亦會影響自己的下一代。家庭系統就如同其他的生態系統一樣，屬大自然的一個必然部分。現代家庭孩子的數目比以前的年代少很多，因此我們會將更多的「關注」及集中的「資源」用於一兩個孩子身上，而「關注」及「資源」兩樣，都是筆者那個年代所「缺乏」的。

　　筆者兒時年代的父母忙著要照顧為數不少的子女，使得我們缺少了被父母「關注」的機會。因此現在，我們願意給自己的孩

子更足夠的關注。可是也在不知不覺間，給予了孩子很多的呵護及全天候式的日常生活學習安排照顧。這不但造成了對孩子的過度溺愛伺候（事事得由父母或家傭為孩子代勞安排），為家長自己冠上了「怪獸家長」、「直升機父母」、「虎爸、虎媽」一類的稱號，其實亦同時會為孩子的成長帶來「監控式」的阻礙與限制。

我們少時缺乏機會，因此為人父母後會把許多機會提供給自己的孩子，盼望他們更「出人頭地」，把他們的生活安排得滿滿，為的就是「擔心」和「掛心」他們將來沒有發展機會。但過多使用近乎霸權式的「虎」威、要求、和督促來操練孩子的技能，雖然可短暫增進孩子的學業成績與成就，亦會同時促使他們失去學習自理和自決的機會。相對現代德國式教育，六歲前的孩子不可接受任何形式的學前教育，實在令人神往。

筆者遇到不少前來求助的父母，關注點都是在於他們的青少年子女變成了「網路成癮一族」、「低頭一族」、「宅男、宅女」等問題。探究其成因，往往都是發生在「家庭系統」和「父母的教育方式」之上，不可不知。

小公主

CH 3　了解故事與兒童心智發展 的互連關係

3-1　兒童期的社會心理發展階段理論 （**Erik Erikson**）

　　Erik Erikson 是一位非常重要且廣為人知的發展心理學家，他將人的一生分為八個重要的心理社會發展階段（psychosocial developmental stages）。這些階段順序為：乳兒期、嬰兒期、學前期、學齡期、青少年期、成人早期、成人中期、成人晚期。每個階段都有獨特的「對應任務」，及要完成學習的，依次包括：信任、自主、自動自發、勤奮、角色認同、親密關係、生產、自我統整。當一個階段的學習完成，就可順利進入下一個階段繼續發展。否則，就是遇上「階段性危機」，並會因此發展出相對應的不健康自我意識，不信賴、羞愧和疑慮、內疚感、自卑、角色混淆、孤獨、停滯、絕望，形成不健康的自我形象。

　　在Erikson的發展理論裡，若孩子能夠好好地一步步成長，在早期的童年打好每個階段的基礎：乳兒期時透過與親人的接觸感受到信任，建立信任感；在自主意向發展快速的嬰兒期獲得給予嘗試、鼓勵和學習機會；在學前階段給予正面的指引和練習的機會；到進入學齡階段時，孩子就更有信心、動力，去應變越來越

多的新事物及越來越複雜的關係變化、環境變化、學習變化、成長變化。

　　沒有了童年的孩子,是絕對不會比其他人更能適應大人社會的,他們會在往後的日子中,不停地回到那一個個未能完成學習的起點,重新再學一次,直到完成學習為止。這是 Erikson 理論的精華所在,大家必須用心記著。

　　要是因為催逼一個人成長並提早要求肩負成年人的責任,或強行委託他要負擔起他的成長年齡階段能力還未達到的超量責任,後果是雖有眼前短暫的好處,卻帶來揠苗助長式的長久性破壞,甚至徹底催毀了一個人。造成歲月不停流轉,但在相對應該學習的階段和項目上,卻一直停滯不前!一個階段,兩個階段的一直比別人落後,原本以為揠苗可以助長,卻因為用了太快太猛的方法及成長信念,最後只是虛耗歲月、浪費精力。這會造成被催逼成長的人不能順勢地跟隨應有的發展階段和速度前進,結果反而比一步步前進的人走得更慢。即使長大成人後有很高的成就,心裡卻會有許多的遺憾和缺失感,甚至往往令他們會做出一些倒退性的行為(regression),將自己倒退到孩童,甚至幼孩的階段來保衛自己,就如有些五、六年級的孩子,突然變回像幼兒的表現如尿床、吸吮奶瓶的行為。

　　筆者也曾稍稍了解過有關已故香港名歌星梅艷芳的成長經驗,她雖然在演藝界、歌藝界光芒四射,卻因童年的種種不理想生活,

令她終其一生仍然有非常強烈的自卑感，造成了無可挽回的悲劇。這是我們要引以為鑑，並時刻提防的，以免悲劇發生在我們的學生及子女的身上。

Erikson 理論的焦點，是告訴我們必須正面看待每個成長階段的獨特需要，並好好培育發展完成。

圖表 1　Erik Erikson 兒童期的四個社會心理發展階段理論

發展階段	健康發展時會出現的特質	不健康發展時會出現的社會性心理危機
乳兒期	學習信任	不信賴
嬰兒期	學習自主	羞愧和疑慮
學前期	學習自動自發	常帶有內疚感
兒童期	學習勤奮	自卑
青少年期	學習角色認同	角色混淆
成人早期	學習建立親密關係	孤獨
成人中期	學習生產	停滯
成人晚期	學習自我統整	絕望

3-2　曦雪 BB 的故事

曦雪是一個十二歲的獨生女孩，暑假時表姐曉靜來她家住了整整一個夏天，現在終於要走了。曦雪因為捨不得心愛的表姐要回家，拉長了臉，流著眼淚，走到母親的身邊，嘬著嘴幽

幽地說：「曉靜表姐要走了，又只剩我一個人了。」

母親說：「你可以再找個朋友呀！」

曦雪：「媽媽……」（哭）

母親：「十二歲的人啦，還哭得像個小孩似的！」

曦雪：「我希望表姐……」（話被母親打斷）

母親：「每個人都有自己的責任，開學了，就要上學，不能天天都放假，你自己要好好收拾心情準備開學，還有，……」

結果，曦雪面對母親如此嚴厲的教導和訓誡，發覺已無法與母親繼續對話下去，最後只有不服氣並怨憤地盯了母親一眼，沒有再說什麼，就走開了。

媽媽你為何不明白？

　　以上的對話方式若再繼續下去，曦雪為免自招麻煩及逃避母親的嘮叨，很自然地就會選擇不會對母親再說任何的心底話。母女的關係不只不能拉近，反而會變得淡薄，並且會自然地模造出曦雪孤獨，逃避談論自己感受的社會化成長方式，影響深遠。

　　我們對小孩要有耐心，這時曦雪的母親如果說：「媽媽聽到你很惦念表姐，很珍惜和表姐相聚的日子。假如表姐可以留下來，那多好啊！」若是這樣，情況發展就會很不一樣。曦雪已經十二歲了，當然知道暑假後要上學，她希望從母親那兒得到安慰，到底是失去了玩伴，內心感到難過，如果母親了解到這點，並多關懷女兒，那母女倆的感情將連在一起，未來有其他事情，女兒也會繼續與母親分享。當孩子心裡難受時，精神上得到父母的支持至為重要，若曦雪的母親能適當的在旁陪伴，能夠與曦雪產生同感，不但可以協助曦雪面對分離的不安，也能夠讓她更有信心聽母親的循循善誘。

　　為什麼前者會帶來「負面」的後果？而後者能夠產生正面的效果呢？這就是母親能夠運用聽曦雪故事的心態去回應女兒的話，用全心投入故事作者內心世界的態度去了解她的這次體驗，從而完全扭轉了整個局面。

　　究竟是選擇放棄母女的關係？還是選擇構築兩人的關係？哪個會比較好呢？這個問題的關鍵，就在於母親當時是選取了「先認同」，還是「先教導」的處理方式。記住，不同的選擇會直接

導致兩個截然不同的結果。

衝浪要訣 1

先聽，先認同，後教導。

3-3　智取故事嶺

我們聽故事時的心理程式與解決問題時的心理應用程式是截然不同的。

聽故事時，我們會先用心去聽，用感情與講者接觸，然後用理性去思考，通常是處於較放鬆、不須要應變的狀態。就像我們到電影院欣賞電影，在電腦 iPad 面前看 YouTube 般，即使我們看完後會對這些作品作出評論，但在看的時候，卻是用心感受、消化，只有在看完後才會有所議論。

解決問題的心理應用程式與聽故事的心理程式是完全不一樣的，解決問題的重點是用理性去聽，並需思考和分析，然後要盡快去尋求解決的答案或辦法。比方說，在運用電腦時，當我們要處理文字輸入，就會啟動文書處理程式；當我們要處理數字運算輸入，就會啟動試算表軟體。日常生活裡，通常碰到不同的場合、環境，我們也是要啟動不同的心理程式才能順應生活中各種不同

的需要，以便發揮運用。

以曦雪的例子來說，如果曦雪的母親首先採用了聽故事時的心理程式去了解曦雪，到適當時候才用解決問題的心理應用程式去幫助女兒，進一步理解成長中所要面對的種種問題，結果就會好得多了。即使對即將進入青春叛逆階段十二歲的曦雪，也不會全然關上心門，而是願意繼續向母親敞開心扉。做母親的，不致於因此孤立地呆坐一旁，茫然面對著女兒那陌生的內心世界，心裡只有無限的擔憂與不甘，而是藉著打開女兒的心門，「贏回」了女兒！

我們生活裡有許多相類似的例子，可以好好反覆思考消化一下，以故事作為思考的骨幹，將會大大增強我們改善自己教育學生、子女的能力。

圖表 2　不同聆聽狀態的心理程式

	心理程式	重　點
智　聽	用於解決問題	(1)用理性去聽和思考 (2)然後又忙碌地去尋索解決的答案或辦法 (3)忽略感情的接觸
傾　聽	用於聆聽故事	(1)用心去聽 (2)用感情與講者接觸 (3)較放鬆、不須應變的狀態 (4)然後用理性去思考

3-4 讓聽與講成為與孩子溝通的中介

1. 每個人都愛聽故事

　　每當我對著女兒說故事時，她的眼睛總是流露著一股天真瀾漫的神情，全神貫注地聆聽著，總是投入全副精神聽故事。每當我稍有停頓，她就會迫不及待地說：「媽媽，繼續說，繼續說……」她是我忠實的聽眾，她

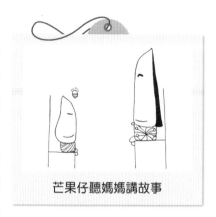

芒果仔聽媽媽講故事

的投入反應，令作為母親的我心中油然感到滿足和自豪。

　　故事的用處是它可以協助我們進入孩子和受助者的心靈世界，若不好好把握尚可培育的時機去教導孩子，跟他們仍然非常開放的心靈好好地接觸，那時光一逝可就再不能回頭了！

　　故事，打從每個人的孩童時代起，便以不同的形式進入我們的生命之中。孩子能感受父母的愛，就是從孩提時靠在父母身旁，全神地聆聽故事開始。隨著年齡的逐漸成長，孩子們能夠聽和愛聽的故事內容也會越來越多樣及豐富。

　　故事會陪著孩子成長，故事裡的所有人物，會成為孩子生命中的輔導者、老師和好朋友。這些人物會一直烙印在孩子的記憶中，擔任他們困擾歷程中的嚮導──孩子哀傷時，它會作出安慰；

孩子快樂時，它會帶來更多開心；孩子孤單時，它是最適當的良伴。

可以說，好的故事有建設性、正面的故事人物，對影響孩子的成長非常重要。反之亦然。

中國人常說：「近朱者赤，近墨者黑。」接觸打鬥卡通的孩子，將習慣使用武力去解決事情；看恐怖鬼片的小孩，會怕黑、怕鬼、怕單獨一個人。小孩子如果看到電影的鬼怪從衣櫃裡走出來，晚上一定不大敢打開衣櫃門，也不敢背靠著衣櫃做作業。

其實無論是大人、小孩，人人都想聽故事及愛聽故事，只是要求的趣味性及複雜程度不同而已。壞的故事內容接觸多了，會使人變壞；相反，好的故事內容卻能盛載許多的人生智慧，讓孩子在往後的日子，可以不斷消化、咀嚼，繼續自我培育成長。

我向女兒傳遞家庭教育是由講故事開始。故事成了我與女兒關係中非常重要的一條橋樑。打從幼兒期開始，我的女兒就開始聽我說故事；直到現在進入了青春期，她仍然愛聽媽媽說故事。有時候她甚至會向其他小朋友推薦我，說：「來呀！來聽我媽媽說故事啊！」當然，我感到開心，也為我這個小小的推銷員感到很光榮。

一個人的成長需要很多很多的故事（各種日常生活遭遇經歷的敘述）。沒有故事孕育的生命，將會是非常枯燥和乏味，有故事傳遞供應的孩子，將可輕鬆活潑地茁壯成長。

　　然而，有些故事是人們不太喜歡聽的；也有些是人們喜歡聽，但卻沒有人說給他聽；有些故事是難堪入耳；有些故事太深了，想聽，卻聽不明白；也有些故事令人越聽越覺得不平衡，越聽越令人感到無助困惑。所以我要給孩子說故事時，都會盡量做到就地取材，人物性格一定要特出鮮明，使孩子聽得投入，就能將美好的、正面的、重要的、生命養分供應給他們。

2. 每個人都愛講故事

　　每個人都愛聽故事，其實每個人也愛說故事。人從幼兒時便開始不停編織自己的人生故事；然後再以一個個故事的形式，將這些人生片段重新演繹出來，與別人分享，向別人透露當中的體驗、信念及人生態度。每當我們向身邊的朋友講述自己的經歷時，同時也開始在說自己的故事。

　　人人都說女孩子愛「說」，從這點來看，每個母親、每個女性，都應該是說故事高手，只要你肯說、會說，孩子們就會把故事吸收。說故事的關鍵就在於你放進的材料種類和質量，它們的好壞將直接導致培養出新一代的不同人格類型。俗話說得好：「要了解一個人，只要看看他的孩子，就會知道答案了。」

　　或多或少，人人都有自己愛說的故事：孩子回家後，會告訴你學校發生過的事；丈夫回家後，會向妻子說在公司裡受的氣，或分享工作上的成就感；妻子看到丈夫進門，除非感情亮紅燈，

或互有心病，一般來說是會不停地向丈夫說子女今天怎樣怎樣、家裡發生了什麼問題，或鄰家的張太太在某處買了新的超平面弧型大電視等；退休的父親，會說他抗戰時期的艱苦生活和陳年往事；隔壁的伯伯，多數喜歡吹噓他當年的「光輝歲月」。

　　只要說得小孩目不轉睛，下次記得買冰棒給孩子吃，孩子都很願意繼續聽他說。這是為什麼呢？因為說故事是一件很快樂的事，找到了聽眾，找到了滿足感。不說，往往是因為說得不夠吸引，不能吸引到聽眾，只要別人喜歡聽，我們就會越肯說。

　　有一次，我在一家小餐館吃飯，看見鄰桌的一個年輕人正主動地對著他的母親和父親訴說：「我的眼睛很痛。」（這時，只要父親或母親表示一下肯當他的聽眾，相信他會繼續說下去），但他的母親卻不假思索，馬上用諷刺的語氣回應說：「多睡些，眼睛就不會痛了。」兒子顯露出沒想要回應的意思。母親繼續說：「多打網路遊戲，眼睛就會好了。」（很明顯，這母親也有很多牢騷，要找聽眾）孩子終而露出厭煩的情緒反應，把眼睛移向了別處。後來，整頓飯的時間，他都沒有再說一句話。這時，母親即使有意繼續她的話題和勸告，可是少年對母親能充當自己聽眾的興趣已失去，在他的思想世界中已斷然終止了這次可以對話的機會。我注意到少年在整頓飯裡，再沒有注視母親。母子間的牆又再一次加厚起來。可惜母親卻沒有覺察出來！家庭親密關係的溝通，許多時候就是被這些不經意的說話打斷，並對身邊的至親

造成傷害。

　　從這件事情看，無論是怎樣想說故事，遇到有耐心的傾聽者才是寶貴。人人都很愛說自己的經歷，但他們要找到好的聽眾（善聽、能聽、有耐心聽的）才能暢所欲言。人人都愛聽一些別人的特殊經歷，關鍵是要找到一個善講、能講的講者。往下筆者會特別探討語言世界對人與人之間的重要影響（特別在成年人與孩子之間）。

衝浪要訣 2

要努力成為一位聽故事和講故事的高手。

CH 4 故事的定義

故事這個名詞我們聽多了，但我們是否好好想過，什麼是故事？它包括了哪些特質？有什麼作用？以下是筆者的一些看法：

4-1　故事是什麼來的？

1. 故事是我們對日常生活的敘述

自人類學會說話，故事就開始流傳。每個留在記憶中的事件都組成一個細小的故事，當許多故事組合起來就會成為生活的敘事（Narrative）。我們日常生活中的故事敘述，有些長、有些短；有些仔細而長篇、有些是簡單的報導。它有時只是一個片段、有時是一整個故事；有些可能是散文、也可能是戲劇式；有些故事純粹運用語言表達；也有些故事夾雜著非語言的信息，可能要手腳並用，發揮肢體語言。

我們如何敘述自己的生活故事，反映了我們如何看待自我的生活情況。換句話說，要了解一個人的內心世界，首要是從一個人如何敘述他的生活經歷開始，從中就可理解到這個人（這個孩子）是如何理解自己的遭遇。所以，故事不僅是日常生活的敘述，

同時也是人們內在的心靈世界、經歷遭遇的反映。故事，是我們了解另外一個人非常重要的媒介。

2. 故事是我們對日常生活的篩選

為什麼有些經驗，我們會不斷重複、長篇大論地講述？其他一些經歷卻輕描淡寫地描述，甚至被忽略、忘掉呢？原因是所有事件的建立、鋪排，都是經過一個明顯的篩選程序，然後產生範型，被記憶、被陳述。（White & Epston，廖世德譯，2001）

說故事的人會先從自己生活經驗中，過濾那些不符合主題的部分，再將剩下合適部分組織起來，這便成了對外界陳述的故事。那些沒有被選用的部分，就會先被棄置一旁，並被忽略。等到下次要說時，才會再被抽出來篩選一次，合用的，會適當加入；不合用的，又會再次暫時擱置起來。

金庸小說《笑傲江湖》第十二章，令狐沖與田伯光被嵩山派的狄修逮著，幾乎要被解衣禿身之際，忽地，恆山派的儀琳小師父出現，田伯光心頭一喜，本想說：「直娘賊要害我！」但想到自己在儀琳心中沒有什麼分量，於是改口道：「小師父，你來了，這可好啦！這直娘賊要害你的令狐大哥。」

田伯光講的故事一樣是經編輯篩選後再說出來，以求得他心目中最佳的效果。所以由田伯光的敘述內容，可以推算田伯光心中是覺得自己在小師父儀琳心中的地位，遠遠地不及令狐沖。由

此就可看到田伯光是如何理解自己在別人（儀琳）心中的位子了。

有了這個了解，我們對說故事者（成年人也好、兒童也好）的心理就能更具體地掌握和了解，這就更容易說出相應而適切的回應。篩選是一個獨特的過程，能夠了解這個篩選的過程，就能夠幫助我們探索、了解和深入剖析說故事者的心路歷程。

3. 故事是我們對日常生活的詮釋

筆者聽過一個這樣的故事：

有人想知道三個工匠對他們自己所做工作的看法。於是問：「你在做什麼？」

第一個工人說：「做工。」

第二個工人說：「攢點吃的。」

第三個工人說：「蓋漂亮的房子。」

三種不同的演繹反映三種截然不同的人生態度：一個為工作而工作、一個為賺錢糊口、一個為理想而工作。

一個輔導高手，就是能夠從一個簡單問題窺見別人內心世界，從而找出協助方法的人。我們怎樣述說，反映了本身將以怎樣的人生態度面對眼前的事情，任何遠大的志向和人生態度其實都可以在小時候培養出來。想知道孩子是如何看自己的經歷，只要注意從他如何敘述自己的經驗中便能得知。孩子的敘事，許多時候都會不經意地流露出他們的人生觀、價值觀、關係觀等。多留心

他們如何詮釋他們的故事,將會幫助父母對孩子有更多新的發現。

　　心理催眠大師 Milton Erickson 相信,人是不斷地積極編寫他們生命中的故事,而他自己就堅持選擇以最樂觀的心境,最積極的態度去編寫他的人生故事,儘管在年紀和身體健康逐漸邁向生命尾聲的時候,身邊的人都替 Erickson 擔心,但他卻反而敘說自己父母的長壽和樂觀的故事。Erickson 就是這樣每天用催眠的方法,來減輕自己身體上承受著疾病的痛楚,年老了,他仍然秉持這種心態,每天繼續接見到訪的客人,進行治療師的工作。而我們,也一定能同樣以新的信念,不斷重新編寫自己的生活體會。

　　說回前面曦雪的例子,曦雪的母親若理解到曦雪當時沉痛的感覺,自然就不會說教,而是去感覺及聆聽女兒內心的矛盾與困難。

4. 故事可以再塑造新的經驗或加強同一個信念

　　一個十二歲的孩子告訴我,他帶著成績單去給教會的導師看,說:「我覺得自己很笨,成績總是比不上別人。我媽媽也常說我笨,我的腦筋比別人遲鈍,將來只有幹體力活的份。我自己也是這樣覺得,即使是上主日學,導師的問題,我也不敢回答,因為別人的答案總會比我的好。」

　　每次這個孩子敘述自己的故事,每次就會重新地再次確認自己所說的話,就是「我很笨」、「我不行」、「我不及別人」,

而成為牢固的自我信念。而他的母親，當然正是這個信念的主要撰寫人。父母親如何向孩子說關於他的故事，將大大關係和影響到孩子如何收錄和認識自己的經驗。如《聖經》上所說：一句話說得好，如同一個金製的蘋果，放落一個銀製的網上，非常奪目瑰麗。這句話正是叫人要注意自己的話，話一出口，就會轉化為別人思想入口的內容。

社會心理學上有一個這樣的名詞，叫做「自我預言的實現」（The Realization of self-Prophecy）。我們每個人都有「自我預言」（self prophecy）的能力，簡單來說，就是自己相信的，最終一定會發生。所以，我們要學習對正面的評論予以接受，讓它重新揉塑我們的經驗；但對負面的、摧毀人價值的評論，要學會立即或儘快進行清洗工作，以免錯誤方向的評價偷偷地進入了我們的思想價值之中，催毀我們的自信、自尊及自發的活力。

剛才說的那位母親，背後可能有一個很強的信念，就是「我有一個很笨的孩子」。如果不是這樣，相信就是這個母親以為可以使用「激將法」來協助孩子繼續努力；可是卻沒想到，重複敘述同一個故事的後果，是令孩子終於相信了母親的話，再沒有反抗這思想的打算！

每當我們向孩子說出越多我們自己的故事，或我們知道的故事（所見所聞的日常生活敘述），就越能製造更多的機會，分享及傳遞我們的觀念給孩子，讓他們知道更多事情，這過程會不斷

塑造及堅固孩子的經驗總量。同樣地，每當我們多一次用愛、接納與尊重的態度，去聆聽孩子們向我們講述他們自己的故事，就會多一次機會使孩子能夠從這一次次的傾談中得到愛、接納與尊重，從而塑造出更完整的價值觀念。

　　故事的微妙之處，是它可以幫助我們進行自我反省。每次我們複述自己的經歷時，腦袋就會重溫一次發生事件的內容，並且再重新修定一次，這種思想運動，實際上就是一種反芻，再次消化和理解從前事件的一種做法。它是人不斷重新整合自己的一種重要內在歷程。

　　在進行輔導或聽孩子說話當中，若受助者或孩子要將同一件事再說上一百次，你都必須耐心地聆聽一百次，因為對方正是希望嘗試再將事件整合一次，以期待找到新的出路。作為一個輔導員，這樣的耐性非常重要；作為孩子的父母，或者學生的導師，也更應如此。千萬不要以為這個孩子實在是太囉嗦了，隨口的一句「停，不停我打你」的話，會將孩子的積極反芻動力壓下去，孩子甚至會從此失去動力，這是件多麼恐怖的事情！孩子要說話，一定有他的原因，這時，只要能聽到他故事裡的真正含意，問題就會很快地解決，孩子很快就不再囉嗦，並會很滿意和開心地離開你的面前。

　　故事在人類的生活裡，扮演著非常重要的角色，人們很多時候都是透過說故事和聽故事來進行溝通的。Mair（1988）認為：

故事就是生活，故事能夠使我們靠在一起，也能夠使我們彼此獨立分別，原因是我們都寄居在自己個人文化的偉大故事裡，我們靠著故事而生活。只要大家懂得用故事這個獨特的方式做溝通橋樑，我們就能夠與不同文化背景、年紀、思維方式的人進行溝通，也能靠著它（故事）建立彼此之間的關係。

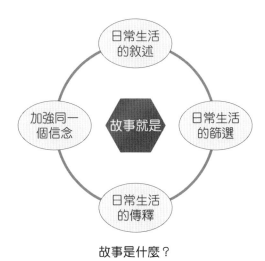

故事是什麼？

衝浪要訣 3

給孩子多說的機會。

「語言符號」、「故事」及「兒童成長」的相互關係

5-1　孩子認知能力的發展理論（**Piaget**）

　　著名的瑞士兒童認知心理學泰斗 Piaget（1896-1980）將孩童的認知能力發展，依次分為四個階段：感覺動作期（Sensorimotor stage）、前運思期（pre-operational stage）、具體運思期（concrete operational stage）、形式運思期（formal operational stage）。每個時期都有不同的發展特徵及相應可使用的教導方法，依次如下：

1. 感覺動作期（Sensorimotor stage，出生至大概兩歲）

　　這時期，嬰兒循序發展出自主性與系統性物體觀念。例如：從最初無意識的觸摸小球，到有意識的重複拍球行為。此時期相對應的家庭教育重點，應放在多給予孩子溫馨的身體接觸，提供多類型的感官刺激，給予重複嘗試的機會，因為重複動作對幼兒來說是很有樂趣的。

　　故事式誘導的辦法有很多種，可以用聲音與幼兒相互溝通，進行嬰孩式的交談，用各種聲音鼓勵發聲，當幼兒發出「咯咯」笑聲，母親可以「吱吱」之聲回應，這種「嬰兒式交談」，實際

上會使幼兒感到樂趣無窮，用高低抑揚強烈對比的聲調表達情感，也幫助小兒吸收到訊息中的特有含意。此外，也可以給孩子看顏色鮮豔的圖書，用有趣的聲音閱讀等方法來啟動孩子認知能力。

2. 前運思期（pre-operational stage，大約兩歲至七歲）

這階段的兒童開始運用語言來表達自己的想法，但只能注意到知覺的表象，不能了解其中的抽象含意。就如：一塊布可代表一個枕頭，一根棒可代表一隻馬。「自我中心（egocentrism）」是這時期兒童特徵，自己注意到什麼，就說什麼，不管別人，也不在意別人。在說什麼時，他們只能用自我為中心的角度來看世界，注意力還相當的狹隘。

此時期對應的家庭教育重點，應放在發展孩子運用語言的表達力和無限可能的想像力之中。孩子「自我中心」的特性，是非常能幫助他們認識自我、關愛自我、尊重自我、注意自我，所以可鼓勵多表達自我。

說故事時多採用象徵性的方式，透過不同類型的故事，引發不同類型的詞彙，加深兒童的多類型詞庫，如情緒詞類、動作詞類、關係詞類等。

透過故事的參與及講述，以幫助孩子認識自己和表達自己；加入兒歌，增加故事的趣味、運用身體動作協助訊息傳達，都是很好的做法。（這方面的例子在下面章節會有詳細的講述）

3. 具體運思期（concrete operational stage，大約七歲至十二歲）

兒童在這階段會開始發展出真正的運思，能夠運用已學習的概念進行反覆思考。懂得初步運用他們所學過的數學觀念來計算，數量上守恆的觀念出現，能夠分別出數量的變化；液體守恆的觀念出現，能夠分別出相同的液體量放在不同器皿裡仍然不變等的觀念，也在這時發展出來。

對應的家庭教育重點，應放在兒童開始發展出真正的運思中，和能夠運用已學習的概念來思考之上，他們可以同時思考多方面的觀點，也可以開始進行具體事物的推理。

在這個階段裡，我們可以透過故事來啟發和建立孩子的日常概念，如藉小狗的家庭來了解各人應有的責任和義務等。這階段的孩子喜歡說話，特別是模仿大人的說話語態和用詞。

有一次，一個父親想教導八歲兒子早起的習慣，便說：「早起的鳥兒有蟲吃。」怎料孩子很快回答說：「爸爸，我是蟲兒就不要早起了，因為早起的蟲兒會被鳥兒吃掉哩！」小孩們是很喜歡運用新學到的觀念，多與孩子聊天，能刺激他們已有的內在思維，除了可以增進親子關係，還能夠提供孩子更多的學習和練習應對的機會。

4. 形式運思期（formal operational stage，一般大約十一歲至十二歲）

這時期的孩童開始擁有邏輯推理和抽象思維能力，他們懂得詳細計劃準備要做什麼，喜歡探討存在、真理、正義、道德等問題。

對應的家庭教育重點，是幫助孩童持續發展有邏輯性的推理和抽象思考能力，提供機會學習，鼓勵孩子多講故事及創作故事。這個階段，家長要多與孩子運用不同的形式交談，如討論、分享、辯論。鼓勵觀察、探索、發問、聯想，從而使孩子開發出更豐富的生活空間，孩子肯多嘗試新的事物，是很好的一件事。

當我的女兒處於這個思維發展階段時，她會喜歡說相反的話，對於父母的建議老是先反對。比方說：「要多穿衣服，天氣涼了。」她就會說：「天氣涼了，不一定要多穿衣服，要看你是在室外呢？還是在室內。」每件事情都喜歡辯駁，使這個階段的孩子容易給人愛「拌嘴」的印象。孩子愛拌嘴是很正常且重要的，因為它告訴我們孩子真的長大了，它標誌著一個新的運演系統——即所謂「命題運演」——的出現。

Piaget 認為這種反應法則可理解為「正說反譯，反說正譯」（Negation transformation）。當孩童進入形式運思期時，他們開始察覺自己有「不同於他人」的看法，於是開始建立一套「與別人不同」的價值觀點，這需要先學會否定別人的看法。其詳細特徵

列於圖表 3 之中，方便大家參考。

圖表 3　Piaget 的認知能力發展論與家庭教導重點

感覺動作期（出生至兩歲）	
知能特徵	兒童的認知能力僅限於動作上的反射，學習的方法主要是透過身體與物體的互動提供發展的原動力。
舉動、行動特徵（舉例）	(1)重複的吸吮指頭。 (2)任何用手所抓取得到的物體都放在嘴裡。 (3)重複拍球。 (4)大肌肉活動。
對應的家庭教育重點	(1)多給予孩子溫馨的身體接觸。 (2)提供多類感官性刺激。 (3)給予重複嘗試機會
在故事中的引用方式（舉例）	(1)以聲音或「嬰兒式交談」來相互溝通，用各種不同的聲音鼓勵幼兒發聲。 (2)用強烈對比的聲調表達情感。 (3)給孩子看顏色鮮豔的圖書，用有趣的聲音閱讀。
前運思期 pre-operational stage（約兩至七歲）	
知能特徵	(1)開始獲得表徵技能。 (2)兒童開始運用語言、心像、符號等來表達自己的想法，但只能注意到知覺的表象。 (3)由自我為中心看世界。 (4)注意力狹隘。

舉動、行動特徵 （舉例）	(1)一塊布可代表一個枕頭。 (2)一根棒可代表一隻馬。 (3)自己注意到什麼就說什麼，不管別人，也不在意別人在說什麼。
對應的家庭教育重點	(1)發展運用語言的表達力。 (2)發展孩子無限的想像力。 (3)善用孩子「自我中心」的特性，幫助孩子認識自己，愛惜自己，尊重自己，留心自己，鼓勵多表達自己的需要。
在故事中的引用方式 （舉例）	(1)用象徵性方法講故事（這點在 PART Ⅲ CH9 會詳細討論）。 (2)透過故事幫助孩子發展不同類型的詞彙，如情緒詞類、動作詞類、關係詞類等。 (3)透過故事的參與及講述，幫助孩子認識自己和表達自己。 (4)運用兒歌增加趣味。 (5)運用身體動作協助訊息表達。
具體運思期 concrete operational stage （約七至十二歲）	
知能特徵	(1)兒童開始發展出真正的運思，運用已學習的概念思考。 (2)可以同時考慮多方面的觀點。 (3)可以進行具體事物的推理。

舉動、行動特徵 （舉例）	(1)初步運用他們所學過的數學觀念運算。 (2)數量守恆的觀念，能夠分別出數量的變化。 (3)液體守恆的觀念，能夠分別出相同的液體量在不同器皿是不變的。
對應的家庭教育重點	幫助孩子建立豐富的日常生活概念（everyday concepts），像關係的概念、簡單的道德概念、數學概念。
在故事中的引用方式 （舉例）	透過故事開發建立孩子日常生活概念，如以從小狗的家庭故事，來了解每個成員在家庭中應有的責任和義務等。
形式運思期 formal operational stage（約十一、十二歲以上）	
知能特徵	(1)孩童可以有邏輯性的推理，抽象思維的能力。 (2)對理論進行實驗及考察。
舉動、行動特徵 （舉例）	(1)懂得詳細計劃準備要做什麼。 (2)探討存在、真理、正義、道德等問題。
對應的家庭教育重點	(1)提供機會學習。 (2)幫助孩童持續發展有邏輯性的推理和抽象思考能力。

在故事中的引用方式（舉例）	(1)鼓勵孩子自己講故事、創作。 (2)多與孩子用不同形式交談，如討論、分享、辯論。 (3)鼓勵觀察、探索、發問、聯想等。 (4)開發生活空間，嘗試新事物。

5-2 培育新生代孩子的情緒智商

　　「網路年代」是一個屬於今天所有在現代大城市出生的新生代孩子的特有名詞。孩子只要懂得電腦、notepad、iphone、Google，就可以全天候無間斷地泡在網路的資訊中，被傳來的訊息充分地孕育乳養。他們的知識，雖然因與外面世界接觸的增多而快速累積，然而，我們必須了解，成長是需要一定的心智成熟來承托、消化及過濾所接觸的知識。兒童、少年太早被曝曬於成人世界的複雜經驗情緒之中，如：焦慮、恐懼、驚慄、困擾等，就會提早出現，形成許多不同的心理問題。一則則駭人聽聞的新聞事件，一段段由傳播媒介繪聲繪影的報導，都會令孩子覺得仿如身歷其中，很容易引起焦慮。

　　當孩子還沒入學時，家長們還比較容易管教。一旦孩子進入學校，對他有影響的群體，就會包括老師、同學和同學的家庭與朋友。中學以後，朋輩及社會的影響更相對增加，不容易再由家長做決定。所以聰明的父母，會在兒童的很早期階段就開展有效

的家庭教育,為兒童成長打下一個又一個穩固的基礎。

家庭就好比一個果園,父母是園丁,孩子是果樹幼苗。園丁適當的培育施肥、灌溉及保護,果樹就能在適度的風雨沖洗下茁壯成長。良好的家人溝通,就是培育小生命成長的最重要工程,只要家庭中充滿開心的氣氛、溫暖的感覺和彼此的關心,無論社會如何變化,孩子所處的年代與父母以前的時代有何等不同,孩子最終都能夠愉快地茁壯成長。

家庭提供孩子一個演練內心衝突的舞台,孩子的情緒和感覺若能無束縛地在家庭中自然表達出來,受到父母接納和耐心指引,他們的情緒智力就能繼續發展。反之,他們幼小的腦袋內認定情緒感覺是不被接受的壞東西時,就會從此緊閉這個區域,不再發展,情緒智商會因此受到限制。

衝浪要訣4

積極的教育是由自小的家庭教育開始,而有效的家庭教育,是由保持開心溫暖的良好家庭溝通氣氛開始。

5-3 「語言」是個非常特別的生活符號

要給孩子理想的教育,最好從說故事開始,而說故事就必須

先要由「運用語言」這個非常特別的符號（symbols）開始。

　　語言，是人類與生俱來的能力，用聲音和語言表達內心世界是人類的本性，只要大腦的發展正常，各個語言器官正常成熟生長之後，孩童就會自動開始語言學習的旅程。語言是孩童「成長發展」中的一個特別產物，他們的年齡、智能、思維、心理和生理等發展情況，都能夠從語言形態的表達中反映出來。

　　打從牙牙學語的時期開始，幼兒已懂得叫嚷和發聲自娛，若要幫助他們充分發展說話的本能，親子緊密關係最為重要，親人聲音的迴響（feedback）（特別是母親）是誘發幼兒繼續說更多話的本能意慾的關鍵力量。一個沒有人給與迴響（feedback）的生命，連生存的能力都會變得脆弱，關愛的迴響（feedback）越多、越正面，說話的誘因和效果便越得以繼續加強。

衝浪要訣 5

了解「語言發展」在兒童的成長世界中，扮演著非常重要的角色。

（一）了解兒童語言的一般特徵

　　兒童時期的語言特徵是「詞彙缺乏」，很多時候他們說的話

都是衝口而出、直接而不假思索,於是同時塑造出許多又幽默又帶純真的語言型態,使人發出會心的微笑。

當我的女兒只有二歲半時,有一次我們夫婦倆帶著她到超級市場購物,丈夫看著乾貨檔的山藥,便對著我說:「這些山藥肯定是漂白的,不能買。」女兒連忙插嘴,還搖搖頭,一本正經地說:「白的,不能買;黑的,就可以買。」我倆聽到都忍俊不禁,咧嘴而笑,久久不能停止。兒童沒有成年人的智能,他們不能理解抽象的思維,所以他們的思想是平面而簡單的,不但饒有趣味且富人生智慧,是非常適合用來編做故事的素材。

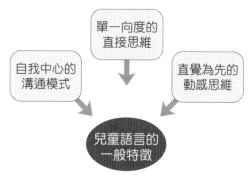

兒童語言的一般特徵

1. 自我中心的溝通模式

兒童時期語言的另一特徵,是經常以自我作為與別人溝通的中心。請細心觀察下列兩個孩童的對話,你能夠運用剛才提過的Piaget孩童不同認知能力階段,很快地辨認出他們是屬於四個認知

發展階段中的哪一個嗎？

答案在下頁

例1：

四歲的男童：「警察來了！警察來了！」

三歲的女童：「糯米雞！糯米雞！大大隻！」

例2：

　　一個四歲的女孩對身旁一個同樣四歲的男童說：「我的肚子裡有一個孩子。」（學著大人的語氣）。男孩子回答說：「我是一個消防員，我要去救火，沒時間和你談孩子。」

　　Piaget認為學前兒童的說話特徵是以自我為中心溝通（egocentric communication），他們常常忽略別人的觀點，沒有注意對方說話的意思是什麼，經常說出沒有相關的回應話。在例1中，兩個孩童雖然在說話，但他們不是在作真正的互相對話，而只是各說各話。而例2中的兩個孩童的對話，雖然也同樣是自我為中心的階段形態，但明顯地，男孩對別人的信息已開始有限度的留意及回應，他正在前運思期階段中慢慢演進。

　　三至五歲的孩子對父母及成年人的交託指示，反應也會與上述的情況相類似，孩子的注意力是以自我中心開始，對來自外界的信息只能夠局部性地、或選擇性地注意。

比方說，母親教孩子「吃飯要坐好」的基本餐桌禮儀，雖然不斷地循循善誘，但發覺老是教不聽，孩子總不肯專心吃飯，到處亂跑，就算叫鬧，也難以吃完半口，飯菜丟在那裡，母親追了老半天，半碗飯仍留在碗裡。為何孩子不能把碗裡的食物快快的吃光才專心去玩呢？原來餵孩子吃飯是有特別知識和技巧的，如果你能夠掌握「前運思期」孩童的特徵來加以運用，餵飯就會相對容易（運用的方法詳見下頁說明）。而且一旦過了這個階段，原來這個無法安靜坐著吃飯的特質，就會隨著孩童的社會化歷程和心智成長而慢慢減少，因此其實是不用過分擔心的。

練習解答

例 1：前運思期

這是自我中心發展階段的一種特質。兩個小童雖然在一起玩遊戲，但卻是各玩各自的，兩個人都玩得非常開心，自得其樂。

例 2：前運思期

兩個小童正在模擬成人世界及嘗試將自己代入社會化當中，女孩子想玩扮演母親的角色，男童卻表示對女性角色沒有興趣，希望玩男性角色的遊戲。

此外，當你發覺自己的孩子開始與其他孩子發生爭執時，也

不用過於憂慮，因為這正反映出他們智能又進展到達一個新的階段，因為「爭執」表示他們正在注意和分析別人的觀點與自己有什麼不一樣。「爭執」表明了他們已開始步入社會化的必經階段，開始察覺到人與人之間的思想差別；「爭執」是進行具體運思期的初階段，必夾雜於前運思期的自我中心特質。他們不只會爭執，還會發脾氣，父母只要適時教導，孩子就會有機會學習，等到他內部的心理智能時鐘發展到具體運思期，就會比較容易懂得與別人妥協。相反地，若你的孩子正處於四至六歲階段，卻不會與別人爭執或者出現意見矛盾，你真正要擔心他的智能發展是否遇到障礙。

餵飯方法的運用原則：

孩子最愛玩耍，母親追著幼童餵飯，他會覺得很好玩。因為對孩子來說，這也是一個有趣的「追逐」遊戲。因此，要孩子把飯好好地吃完，也得用「好玩」及「有趣」的方法。以下是一些參考例子：

【例1（這是其中一次我曾運用的方法，非常有效）】

當時，我那只有四歲的女兒也是嘴裡含著飯不咀嚼在玩，我和丈夫見狀，有默契地笑著說：「嘩！這碗裡的飯，我猜小臻臻要吃『十口』才能吃完。你看呢？」

丈夫跟著回應說：「我猜她要吃『十五口』才可吃完。」

我問小臻:「小臻臻,你呢?你猜你要吃幾『口』才可吃完?看看誰猜得中!」

她臉上露出得意的樣子:「我猜我『五口』就可以吃完。」

我說:「是真的嗎?看誰猜得最準確!」

果然,她依照自己的意願,把碗裡剩餘的飯,「五口」就吃完了!

【例2】

這次,我邀請了她那位想像中的好朋友Genie(電影卡通故事人物),來一起吃飯及品嘗飯桌上各式各樣的美味食物。

我說:「Genie,綠色的食物是很有益的,你試試看,我們吃了身體健康又有精神啊!」

女兒也模仿著:「魚肉很有益,你試試看!」這樣,你吃一些,我吃一些。於是配合著開心的面部表情、眼神,孩子一口一口吃著美味的飯菜!

有一次,一個小孩哭著對媽媽說:「媽媽,我不要做男孩子了!每次表妹來我們家來玩,其他人老是要我讓她,說男孩子要讓女孩子。媽媽,我不要當男孩子了。」這孩子說出了他內在發展狀況,他開始注意男孩和女孩的分別了,只要他得到身邊人的了解、誘導和指引,情形就不會惡化並形成他的困擾及成長的障礙。這時父母若沒有給予適當的引導,並堅持要孩子服膺「男孩

是一定要讓女孩」的話,那就會令孩子產生不公平的經驗記憶。

自我中心語言,有以下的特點:

(1)**重複語句**:孩子重複又重複地說著同樣的語句或內容。如:「豆沙包呀,豆沙包!」「媽媽,有火車呀!有火車呀!」

(2)**內容單向**:說話內容單向,大都是圍繞自己的生活體驗而發。如:「我要買玩具」「我要你和我玩!」

(3)**虛擬式自言自語**:孩子自說自話。如:對著玩具洋娃娃自言自語,說:「你要自己穿衣服,待會我會帶你到公園玩。」

(4)**派對式自言自語**:有時會出現許多不同的角色人物在對話。如:對著桌上的娃娃家族說:「我做完功課啦!(扮演著小孩)」「我送一份小禮物鼓勵你啦!(扮演著老師口吻)」再自我回應:「這輛小車要二十元,我賣給你吧!(扮演著售貨員)」在短短數分鐘內,可以跨越時空,往返不同角色,非常熱鬧。

(5)**以快樂為主要目的**:孩子派對形式的對話,大部分都是自娛為目的,目標是自己與自己玩耍的快樂元素。如:他會告訴你說:「你也來跟我們一起玩(其實只有他自己和兩個小布偶在玩)」

(6)**自己等於別人**:自我感覺很強,別人的位置少,也不能理解別人的感受。如:對著那個扮演她妹妹的娃娃說:「我是大姐姐,不准你玩。你不乖,留你一個人在家。」

(7)**自己永遠是對的**：他覺得自己是所有事物的標準，用自己的對錯來衡量別人。如：「這椅子不能坐」「小狗不是放上面，是放下面。」像這些表現，就會給成人一個霸道和固執的錯覺。

(8)**沒有反省的能力**：無法超越自己的角度看東西。如：妹妹搶了他的玩具是妹妹的錯，但當他搶了妹妹的玩具，他就沒有錯。

(9)**局部注意力**：只能集中在事物最突出或吸引到他興趣的部分，其他部分或面貌一概忽視，未能考慮周全。儘管你告訴他，他也不放在心上。如：他看到電插頭很有趣，便不會管是不是有危險，就用小指頭往洞裡插。

(10)**聽不進別人的意見**：不能接納別人的意見來作為參考基礎。如：媽媽說：「不如分一半蛋糕給哥哥，你一個人吃不下這麼大一個。」「不，不，我吃得完，吃得完」結果卻是一個人吃不下整個大蛋糕。

(11)**唯我獨尊**：我最重要，我最好，最應該受到關注。如：「這輛車車是我的。這張椅子是我的。這個箱子是我的，你不許碰。」

(12)**單一角度**：只能照顧一個觀點。如：「我要給弟弟吃蛋糕，我要餵他吃（儘管媽媽說弟弟吃飽了，不能再吃）」他只看到要分享給弟弟，其他就不會考慮。

圖表4　孩童自我中心語言的特點

特　點	意　思
重複語句	孩子重複又重複的說著同樣的語句或內容。
內容單向	內容圍繞自己的生活經驗，較單向，都是自己的體驗。
虛擬式自言自語	孩子自己自說自話。
派對式自言自語	對話中，出現許多不同的角色人物。
以快樂為主要目的	孩子這樣形式的對話大部分都是自愉為目的，目標是自己與自己玩耍。
自己等於別人	自我核心，沒有別人存在，更加不能理解別人的感受。
自己永遠是對的	他覺得自己是所有事物的標準，用自己的對錯來衡量別人。
沒有反省的能力	無法超越自己的角度看東西。
局部注意力	只能集中在事物最突出或吸引他興趣的部分，其他部分或面貌，一概忽視，未能考慮周全。
聽不進別人的意見	不能接納以別人的意見來作為參考。
唯我獨尊	我最重要，我最好，我最應受關注。
單一角度	只能照顧一個觀點。

　　我女兒在五年級的時候，因為有特別需要，所以我買了一隻手機給她，但是在不需要的時候，我會把手機保管好。有一天，女兒突然問我：「媽媽，如果你死了，我的手機會怎麼樣

呢？」

　　這是一個很典型的孩童自我中心的溝通例子，若沒有仔細聽明白，誤會孩子很自私，只顧自己，做父母親的就會不高興；但只要了解孩子們這時期成長的心理特徵，了解他們最關心的是自己的寶貝，她說話的重心和注意力都在她心愛的東西上，我們的想法就會截然不同。不會將孩子的話解讀成「自私」，甚或在「詛咒父母」了。

衝浪要訣 **6**　自我中心是兒童正常成長的一個重要特質，這個特質會隨著他進入到具體運思期而逐漸消失。

2. 單一向度的直接思維

　　前運思期孩子的另一特徵，是只能以單一向度關注身邊的事物，他們並不能同時照顧幾個不同的觀點和變化。以下是一個朋友告訴我的有趣例子。

　　有一天，一個三代同堂的家庭坐在一起閒聊。他們當中有個三歲半的孩子。這堆人裡，有位心地很好又能悉心培養孩子的母親，自小教導孩子「老有所養」的孝順觀念，這時她打趣著對三歲半的女兒說：「將來媽媽年紀大了，你會照顧媽媽

嗎?」女兒說:「照顧。」

　　然後,母親說:「那將來爸爸老了,你也照顧爸爸嗎?」
女兒回答:「照顧。」

　　母親想再試探一下孩子愛心的底線,於是說:「那,奶奶
老了,你會照顧奶奶嗎?」

　　那孩子聽了,突然大哭起來,說:「我照顧不了那麼多人
呀!」

　　這是一個非常典型的兒童單一向度思維特徵的例子,從小女
孩的回答可以知道,成年人可以同時應付多種責任(照顧長輩、
子女)與有餘力承擔其他事務,在時間及責任承擔程度等方面作
元素性的多重考慮;但孩子卻完全不同,他們不能同時照顧「責
任」與「時間」這兩個屬於未來的要求,小孩子感到自己沒有那
麼多力量,於是「哇」的一聲就哭出來了,叫人既憐又愛。

　　有一次,一位非常全心全意照顧孩子的母親很懊惱地向我訴
說她兩歲幼兒的表現,說平常在家的時間孩子都非常黏她,但當
丈夫回家時,孩子就會捨棄媽媽,要爸爸,說:「我要爸爸!我
要爸爸!」她心裡很矛盾,也感到有點失望,雖然她也很想丈夫
親近孩子,但矛盾的是自己好像被孩子「遺棄」了。這位母親的
感受絕對是可以理解的,她的困惑主要來自不了解幼孩的單一向
度思維特色所導致。幼兒的單向度思維,使他在同一時間只能處

理「要爸爸」的這一件事，並無法兼顧「要媽媽」的那一件事，因為他腦內的思維發展空間還很細小，同一時間只能處理一件最關心的事。明白這點，就有助於我們了解如何與孩童接觸，我們的感覺就不會捕風捉影，顯得患得又患失了。

衝浪要訣 7

兒童具有單一向度思維的特質，他們不能一個時候同時照顧幾個不同的觀點。

3. 直覺為先的動感思維

前運思期（二歲至七歲）孩子的第三個特徵是動感直覺思維。「風扇叔叔幫爸爸把汗吹乾了；太陽伯伯又來幫忙呢！」小元很興奮地對著媽媽說。

小孩子本能地對生活中的一切事物，都會用一種與成人全然不同的直覺感覺去意識和接觸，在孩童的世界看來，每件東西都是充滿生命、動感、有感情和有力量的，Werner（1980-1964）稱這種覺察為「觀相式覺知現象（physiognomic perception）」，而Piaget 則稱此現象為「萬物有靈論（physical world animism）」。因為在幼童或兒童的心目中，周遭的事物，那管只是影像、圖畫，都是生氣蓬勃的，因此孩子的情緒可以很容易就被這些一件、一

個、一份、一種、一幢、一幅、一條等的東西激動起來。興奮時
會整個人都有反應，恐懼時整個身體也收縮起來，即使是看完了
一齣戲或一部卡通動畫之後，他們的感覺仍然會活躍及持續，栩
栩如生的存在著真實及他們腦海中的現實世界之內，兒童的現實
世界和幻想世界是不容易分開的。

部分電影雖標示適合兒童觀看，但家長仍然必須留心選擇，
當中是否涉及一些不應給兒童過早接觸的鬼怪恐怖人物或不良、
不正確的意識，或不正確的做人原則混雜其中，這包括：想害別
人、憎恨、貶低別人的話、抽煙陋習等。結果戲是看了，錢是花
了，時間也消耗了，反而換得對小朋友更壞的影響，父母師長們
可要注意了。

假如你帶孩子去看一齣恐怖片，他就會疑神疑鬼；假如你帶
他去看暴力動畫，他當會照仿無疑。有一次，我的女兒在家看了
一套關於DNA變異造成癌症的紀錄片，我和丈夫都覺得很好看、
很有知識性，使我們增加了很多病症的知識。可是隔天早上女兒
起床後，就對我說：「媽媽，我好怕！」我問她怕什麼？她說：
「我很害怕有那些壞的DNA在我身體裡。」我不得不即時加以安
撫女兒。從這件事情中我們不難知道，孩童的世界與成人世界是
多麼的不一樣。

一位母親對我說：「自從帶他的小孩看完一齣由著名公司拍
攝的關於鬼怪的卡通電影後，他的孩子就很怕打開衣櫃了！」小

孩的恐懼不是成年人所能理解的。又有一次，一個孩童從夢中醒來，哭著要找一列小火車，這時媽媽覺得很奇怪：「我可從來都沒有買過玩具火車給孩子！」後來才知道那是孩子在做夢時媽媽買給他的車，孩子把夢裡發生的事當真了。碰到這樣的情形，有時候要花很長的時間，和一定的心思與耐性，才能弄清原委。若碰上要趕時間上幼兒園，又或媽媽作出了錯誤評估，以為這是孩子不想上學的藉口，再加上爸爸可能又有另外看法的話，一件小事情可能最終會直接破壞親子關係，甚至變成一件夫婦口角的家庭大事。

衝浪要訣 **8**

孩童看待每一件事物（包括虛擬的事物）都是有生命、動感、充滿感情和力量的，所以要留意篩選接觸事物（即故事）的內容。

（二）了解兒童語言不同發展階段的不同說話表達方式

1. 被動的「語言接收期」

　　了解語言的發展過程，對我們明白孩子的成長非常重要。語言，不只是人類藉以溝通的一個非常重要工具和橋樑，它同樣是一塊人類建立自己內在思維的重要基石。語言的學習，除了來自

天賦以外，還有來自學習及模仿。當中包括幾個重要的元素：

從嬰孩階段開始，孩子雖然不會說話，但卻從不斷聆聽父母和身邊照顧他的人如何對話、如何表達、如何運用他們的詞彙和語句中，不停地收錄、輸入這些信息，組成自己語言庫，這語言庫隨著往後不斷地與更多人接觸而擴展。所以，越早對孩子說越多的話，他們就能越早開始建立自己的語言庫；能接觸的說話內容及數量越多，孩子越能加快建立和發展自己的大腦語言區。

家庭裡的對話模式，會直接影響孩子的語言儲存庫。比方說，某個孩子的父母時常對他說責備的話，孩子就相對會擁有豐富的責備他人的語言收藏；孩子的父母常常說尊重和欣賞的話，孩子就會有豐富的尊重和欣賞的語言收藏；孩子的父母不懂得用情緒的語言來分享自己的情緒，孩子的語言儲存庫就缺乏情緒的語言來表達自己，這樣會直接影響孩子的情緒智商發展。

即使孩子還不會說話，但是他們的語言儲存庫卻已處於不斷接收的階段。發展中的孩童具有最強大的吸收潛力，這時若懂得運用故事來啟動孩子的大腦語言區域成長，無疑是一個最佳的方法。因為故事內容豐富無比，可容下無數有趣又新鮮的故事題材和相應用語，並符合孩子「語言接收期」的發展特徵。

2. 主動的「語言運用期」

「語言運用期」是一個較能有意義地主動語言運用時期，一般約出現在三或四歲以上的兒童，主要看個別兒童的心智發展成

熟情況差異而有早遲之別。當語言運用期一開始,大腦發展就會允許孩童開始練習及運用所吸收的語言。這期間的孩子喜歡主動地大聲說話,Vygotsky 稱之為「外向語言(outer speech)」,他們喜歡不停地說話,常邊玩邊說,自言自語,口裡念念有詞的說,就算自己一個人獨處時,對著自己、對著空氣也可以大聲說話,縱使話裡沒有任何完整的意思,但孩子在這個過程中卻為自己能夠主動表達自己而感到充滿樂趣。

在主動語言運用期的孩童,非常沉醉於用語言作為一種有用的溝通渠道。這時若有照顧者在身旁,他們可以對著旁邊的照顧者,整天的叫嚷,即使對著娃娃或玩具車,都可以咕嚕咕嚕地以語言玩樂一番。

當筆者女兒在這個語言運用時期,對於語言運用的反應很快。一天,筆者丈夫因為發現一個工具壞了,不經意地大聲對我說:「大鑊啦(出事了)!搞壞了!」女兒立即跟著說:「大鑊啦(出事了)!」我即時也跟著反應,說:「爸爸!大劑啦(事情大了)!你教了她說『大鑊啦(出事了)!』」女兒說時遲,那時快,立即回應說:「大劑啦(事情大了)!」模仿的速度,在沒有心理準備下,真是把我嚇了一跳。

孩子在這階段,非常熱切運用和模仿所收集到的語詞。孩子喜歡運用剛萌芽的語言能力來加入大人們的世界中,如果此時他們的參與被大人們接納的話,他們就會感到自己的說話受歡迎,

說話的興趣和動機就會被強化；相反地，如果孩子的話插不進大人的世界，他們會試圖改變詞彙來適應，當最後仍然無法得到正面的回饋反應時，孩子便會減少說話，說話的興趣一旦弱化，他們就會變得沉默，性格就會趨於內向，將來就不太會利用語言來表達自己內心感受，而多會傾向於必須說話時才會說話。

面對語言運用期的孩子，最好的故事講述特色，是讓幼兒能夠一同加入故事的角色之中，比方說：「小貓們的肚子餓了，牠們一同發出餓餓的叫聲（然後邀請幼兒裝作貓兒的叫聲「咪、咪」），貓姐姐說：「媽媽，我肚子餓了！」（再邀請孩子扮演小貓弟弟或小貓妹妹，說：「媽媽，我也餓了。」）很多時候，孩子都會積極參與，並會說出一些出乎你意料之外的話，他們的參與會使你的故事增添許多新鮮的色彩，和因親子共同參與而注入了快樂感覺的元素。

愛說話是人類的本性，可是很多時候，孩子的話（語言）未必會合乎成人的邏輯，他們常常會語焉不詳，意思可能不夠完整，卻又絮絮不休，含糊地重複說話，使成年人或父母感到困擾（厭煩）。於是，一句句「閉嘴」、「不許說話」、「你好煩」、「大人說話，小孩子不該插嘴」，就在不知不覺間冷酷地打入孩子本來熱愛與我們溝通的心中，成為「一道道的禁令」，「說話」（孩子的話）成為了違抗父母的表現。一旦孩子不敢說話，連帶思維發展也一併被窒息了。思維發展如果窒息，會有什麼後果呢？這

不難想像——孤獨、孤僻和仇恨就這樣衍生出來,這是多麼恐怖的事情!所以做父母的,必須在孩子還小的時候,珍惜孩子愛說話的動機,要知道他們現在不說話,將來就不會說話,更遑論他們會向你傾訴心中的話和心底的話,就算他們願意試著做,也會因為「不敢說」、「怕說錯」、「不習慣說」或「怕挨罵」的潛伏心理反應作用,而終究不能好好地表達自己的意思。

孩子有時會不停地重複說著同一句話,這給父母帶來很厭煩且騷擾的感覺。比方說:「我要買這個!」「我要去玩!」重複地說數十遍都不肯停,這對一個理性的成年人來說,情緒上確實會感到很困擾。很多父母通常都會採取快捷而較易奏效的方法,要不就是自己屈服,滿足孩子的願望,買他們想要的玩具;要不就是用權威的方法,強壓、禁止孩子的要求,以平息一場又一場的買玩具風波、去公園玩的風波,和吃飯與不吃飯的風波。如何妥善地解開這個僵局呢?答案很簡單:就是運用故事,配合適當的講故事技巧。

以下是筆者個人的一個經典故事,說是經典,是因為每次筆者講授兒童輔導課程或教導家長如何處理兒童的情緒和即時困擾時,都必會用這個故事:

當筆者女兒只有三歲的時候,每天早上,我都會到一家茶餐廳買一個菠蘿麵包給她當早餐。

　　一天早上，我照樣買了一個菠蘿麵包給她，她吃了一半，因為要趕時間上幼兒園，可是幼兒園不許帶食物，她將剩下的半個菠蘿麵包交給我保管。我卻沒將女兒的寄託放在心上，將那半個菠蘿麵包隨口吃了。到了放學的時候，女兒向我要回早上那半個菠蘿麵包，我當然拿不出來，只有安撫她，逗她，向她解釋為什麼菠蘿麵包不見了。可是只有三歲的女兒無法了解，也無法接受我的解釋或道歉。她不停地嚷著要回早上的菠蘿麵包，儘管我說會再買一個菠蘿麵包給她也沒有用。

　　女兒因得不到即時的滿意答覆，就大吵大鬧起來，充分發揮了幼兒不可理喻的本色。天啊！（我心想）這是一個不可挽回的現實，早上的菠蘿麵包已經被吃了，我怎麼能將它變回來呢！而且，附近也沒有麵包店，我不能即時解決她的需要，我心裡頭深深地知道這種擾攘，可以引發小型的情緒災難。

　　當時我可以大聲遏止她，這是一般父母面對孩子取鬧時最有效而快捷的方法，但我知道這樣做，只可以停止她的叫嚷，卻沒有任何好處，孩子不能從這些經歷中學到東西，父母的權威也不會因大聲遏止吵鬧而增加，反而只會與孩子們的哭喊聲、吵鬧聲結成一片，造成一場大混戰。

　　最後，我使出看家本領──「兒童輔導技巧」，終結了親子關係破損的可能性，我用講故事的技巧和口吻跟她說話。我

說：「臻臻（我女兒的名字）今天早上吃了菠蘿麵包，還很掛念今天早上的菠蘿麵包哩！」

「菠蘿麵包，菠蘿麵包，我們很掛念你啊！臻臻特別地念著你啊！」女兒點了點頭，但仍在哭鬧著。

我再用了解的語氣跟她說：「臻臻是不是很掛念今天早上那好好吃的菠蘿麵包呢？」她再點了點頭，還是在哭，但哭聲小了很多。

我再用了解和體會的語氣跟她說：「臻臻是不是又掛念、又想著今天早上那個又好吃、又新鮮、熱烘烘的菠蘿麵包呢？」她點著頭，開始注意聽我的話，我知道是我那講故事和表示清晰的語調吸引了她。

我繼續說：「臻臻是不是又掛念、又想著、又懷念今天早上那個又好吃、熱烘烘、又可口、又大大個的菠蘿麵包呢？不如我們馬上坐地鐵去買那個菠蘿麵包，好嗎？」

她模仿著說：「我們馬上坐地鐵、坐火車、走路，去買那個又好吃、又新鮮、又熱烘烘、又可口、又大大個的菠蘿麵包！」

「你去，我也去，我們一起去。」她再模仿著說：「你去，我也去，我們大家一起去。」「帶著小貓去。」「帶著小狗去。」「帶著臻臻去。」「帶著媽媽去。」就這樣，她帶著

輕鬆而愉快的腳步，向前走，不再鬧著要回早上那半個菠蘿麵包了。

芒果仔與菠蘿麵包的故事

　　從這事件中可以看到，許多時候，由於孩子沒有足夠的語言能力表達內心的感受，重複內容是他們唯一最可能運用的方式，可是，這樣卻無助讓成人增加對他們感受的了解。小孩子不斷重複相同內容的做法，本身也是一種訊息：它就是說自己還有話想說，還有未能說得清楚的話，覺得自己的想法並未被真正的了解。

　　筆者用了不同的表達語句方法，協助女兒將感受，用豐富的、故事式的方式表達出來。效果是：一方面，孩子的情緒、感受被了解和接納了；另一方面，她的言語表達能力也因這故事內容被擴展了。除了用叫喊、吵嚷來表達自己的意圖外，她學會了用說話來表達自己，筆者由此就可以鼓勵她用說話（語言）來表達自己的感受。

當然，每次筆者講述這個波蘿麵包故事時，每個家長、學生都聽得津津有味。用講故事的方法教授如何輔導，本身也是一個非常有效的方式，聽的人對處理兒童的需要，會有更加深刻的掌握和了解。以故事溝通，是面對「語言運用期」孩子的有效方法。

3. 傾向減少說話的（沉靜的）「語言內化期」及奇妙的成長發展理論

孩子一般由六至八歲開始，大腦的語言區域發展便日漸成熟，就如同先前章節所說的，學前孩子會大聲自說自話的現象（outer speech），到了大概七、八歲後，就會逐漸減少，只能偶然聽到、看到，特別是孩子很專心地一個人玩耍時，才會稍稍出現。隨著孩子智能年齡的繼續發展，大聲說話的情況會越來越少，轉而會將聽到的話和內容存放在腦子裡，不停地消化、運用、吸收，這個階段，稱為「語言內化期」。他們會逐漸走向跟成人一樣的社會規則，變成有需要時才會說話，不會再像幼童時期那樣經常自說自話，因為孩子的語言能力，已發展出內在對話的能力，語言融入了他們思想之中，成為思想的一部分。

語言開始走入內心，就會不斷繼續持續下去，Vygotsky（1934）稱這種自己對自己在心內的無聲對話為「內在語言（inner speech）」。Vygotsky（1934）跟 Piaget 一樣，認為自我中心語言是一種非常普遍的兒童現象，但是他不同意 Piaget 認為自我

中心語言基本上是無用的看法。相反地，Vygotsky 的研究，發現了自我中心語言的正面功能：孩子藉著自我中心語言發展出自己生活的指引。當孩子大聲地對媽媽說：「我要玩玩具」、「我要睡覺」、「我要吃水果」時，Vygotsky（1934）發現孩子的自我中心語言具有重要的自我指導作用。雖然自我中心的語言隨著社會化語言的出現，好像會逐漸消失，但 Vygotsky（1934）認為它不是消失，而是轉入深層之中，化成一種內在語，在心中自己對自己說話。

　　試想我們成年人每天一大早起來，就不停地活動，腦袋也不停地策劃一天要做的事，腦袋如何思考，心裡如何跟自己內在說話及共同商議決定方向，身體行為就會跟據此指示作出相應反應。比方說：「時間緊逼了，我若不加快腳步，就趕不上下一班列車。」於是，我們的腳就會自動地加快速度，只要這個思想與行動繼續互相配合，就能繼續管理和主宰我們的生活空間。

　　因此奇妙的發展理論，就是只要主力發展孩子的「語言領域」，就能同時達到開發孩子「思想世界」的效果；一旦孩子的思想世界得以發展，就能夠同時讓他們透過自我對話發展出自己內在的「自制自律」行為，這是一個非常重要而微妙的發展過程。很多時候父母教導孩子的重點，只會放在要求他們適應成人社會的規則，要有好的行為表現，而忘記了更重要的是影響孩子行為背後的驅動程式——讓孩子發展自己的自律思想及自律行為。

衝浪要訣 9

孩子一般到六至八歲，大聲自言自語的情況會自然地減少，改為開始走入內心，作自我對話。

4. 自律思想與自律行為

父母關心孩子的生活，每天都要提醒他們做好作業、穿好衣服、少看電視，這些運作程式有一個共同的特點——父母當了三軍總司令，孩子變成了遵從命令的大頭兵。不知不覺下，孩子被父母訓練出一個「他制他律」的行為模式，父母親在身邊，孩子就會做作業；父母親不在，孩子就不能管理好自己，不能給予自己命令。「命令」與「聽令」間的微妙之處，是父母越要孩子自律，越要開口去叫他們自律，他們反而越學不會自律，因為早已習慣聽父母命令指示的聲音，而不是由自己內心的聲音來給予自己命令。簡言之，父母若想協助孩子培養自制自律的行為模式，必須先要注意協助他們發展自己的內在語言，以便培養足夠的「自我對話」能力，這樣他們就可以更快速地發展出一套「自律」的機制。

從培育「外在語言」開始，多跟孩子說話，多引領孩子說出不同的外在語言、給予鼓勵，協助他們建構一個既有動力又豐富的「內在語言」庫，那父母給孩子的這份「語言庫」財產的價值

將遠高於任何金錢物質，這是一份受用一生的財產。

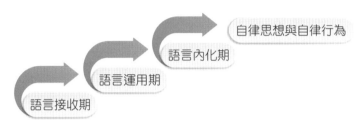

自律思想與自律行為

語言內化期

語言運用期

語言接收期

兒童語言不同發展階段

衝浪要訣 10

父母的「他制他律」，並非最理想督導孩子自我管理的方式，只要一旦成功培育孩子內在的語言思想世界，他們就能夠透過自我的內在對話，發展出「自制自律」的自我管理能力，無須再依靠「他制他律」。

（三）了解語言的作用

1. 對一般人來說，語言是人與人之間的主要橋樑

對一般人來說，語言是一種非常有用的溝通工具，但在心理成長來說，語言卻是一個能夠啟動人心智的奇特符號。《聖經》裡有一句話說得很好：「語言好像一個金色的蘋果跌落在一個銀色的網子上」，這句話強調語言包含著強大的力量，它可以激發一個個燦爛的笑容，但亦可以如利刃般刺痛別人的心靈；它可以撫平傷痛，也可以造成侮辱；可以冰釋嫌隙，也可以引起糾紛。

2. 對孩童來說，語言是一種獨特的啟動心智成長的重要工具

　　到底是「思考」塑造「語言」，還是「語言」塑造「思考」？Anderson & Goolishian（1988）有這樣的說法：「語言並不是反映自然，語言是創造我們所認知的自然。」Vogotsky 認為「語言」和「思考」一開始時都是獨立發展的，但到孩子兩歲時，兩者的發展就會交織在一起。此後，二者互相影響：孩子能用語言表達出他們對世界的認知，也能由所發出的語言，反過來引導孩子的思考和行動方向。

　　在心理學上，這種藉語言協助建立「孩童自我概念和對社會認識的心靈地圖」的方法非常有用。說故事，就是深化語言工具的運用，從而對聽者產生有效刺激的重要手段。

　　在筆者輔導室裡曾經有一個孩子，他被評估為資優兒，可是他的作業成績卻總不能名列前茅；相反地，這個孩子的成績非常平庸且頻臨危機線上，老師常常因此向他的母親投訴，認為孩子很頑皮，注意力也不能集中。筆者試著分析孩子的情況，認為孩子的思考速度比起別的孩子快，但說話和語言能力速度卻協調不上，無法將自己的思考過程、感受和看法清楚地表達出來。他的父母最初不明白他的狀況，每次都是這樣評價他的行為：「多手多腳」、「頑皮」，在輔導室內孩子的手和腳的確不停地動著。

　　有一次，筆者告訴那孩子：「『你的手』非常好奇，喜歡探索；『你的手』和『你的腳』都在『思考』。」孩子聽了很驚奇，

因為從來沒有聽過有人這樣形容他，更沒有人這樣地理解過他，孩子只知道自己是個「手不停」、「坐不定」、「不專心」的人。筆者告訴孩子：「你是一個『動感思考型』的人。」他對這個關於自己的描述更是顯得非常驚訝。

我們可以這樣理解這件例子：首先是這個孩子的行為特性早已被歸類、標籤和定性為「手不停」、「坐不定」、「不專心」，連他也相信自己就是這樣的一個人，當聽完筆者對他最新的描述後，奇妙的事情就發生了。孩子的手腳開始安定下來，他開始重新認識自己這一個「動感思考」的特性。更奇妙的是在這個新發現之後，孩子反而在輔導室裡很容易安定下來，他開始留意自己的特性，隨著筆者繼續運用的語言效果，在離開筆者的輔導室前，孩子已經重新寫了自己的心靈地圖。

（四）了解成人與孩童思維世界之間隱存的巨大差別

小孩子的邏輯思想與成年人可說是完全相反，有時甚至可以達到冰火不容的程度。孩子率性的一言一行，往往會把成人世界的秩序搞混，不了解兩者間看事物的差別，你就無法進一步了解自己的孩子，甚至會因此帶來許多的問題及煩惱，父母和子女的衝突頻頻出現，往往出於缺少這一認知之上。

筆者看見有一位父親帶著三、四年級的兒子到公園玩，他們玩了很久，這時天漸漸黑了，父親叫孩子回家，男孩卻拗著父親

要繼續玩。父親再三地發出命令:「玩了差不多兩個小時,要回家了。」男孩不聽,說:「我要玩,我要再玩兩個兩小時。」這話一下子激怒了父親:「什麼?再玩兩個兩小時?這太過分了!馬上回家!」接著父親就用他那強壯的臂彎把男孩提了起來,強行帶他回家。這時候,父親提著的,必然是一個哭喪著臉、不停掙扎的孩子。

造成這個局面的原因,主要是成人思維世界與孩童思維世界之間的差異,父親如果能明白孩子與自己的時間觀念是不一樣的,孩子「兩個小時」的意思其實只是「我想再繼續玩。」玩了兩小時對小孩子來說可以等同兩分鐘,而父親心目中的「兩個小時」就是一百二十分鐘。父親不懂得用孩子的觀念與孩子商談,要他停止之前應給他心理上的預備,可以這麼說:「好呀!再玩多一個兩小時,兩個兩小時,那爸爸我現在來做公雞報時,到公雞叫第四次就要回家囉。因為公雞報時會累,累了就要下班啦!公雞累了很可憐,你要給他下班回家休息喔!好!公雞現在就開始報時。」通常在足夠心理準備和輕鬆的氣氛下,孩子的抗拒是可以減少許多的。

1. 差異內容

造成小孩子與成年人兩者取向明顯矛盾的關鍵不是誰對誰錯,而是取向重點不同,只要父母稍稍轉動腦筋,改變一下,情況就會完全不一樣。筆者嘗試將成人和孩子的差異排列出來,幫助父

母能更具體地把他們掌握起來。

(1)**成人會先講求完成任務，兒童卻先要達成心願**：成人會覺
得要孩子先做完作業然後玩耍；孩子卻覺得要先玩個夠後
才做功課。相反，孩子想要買玩具，父母則要他先做好本
分，如：做完作業、吃完飯、讀完書、考完試，才會買孩
子想要的玩具。

(2)**父母看重目標，孩子看重過程**：父母希望孩子把工作做好，
孩子關注的是工作是否有趣味。父母關注孩子要做好功課，
孩子則覺得玩遊戲機比讀英文、做功課有吸引力。

(3)**父母看遠景，兒童重目前**：親子兩方，一方是遠視，另一
方則是近視。父母覺得孩子的將來很重要，要努力讀書，
為將來前途打好基礎；孩子卻覺得現在更重要，最要緊的
是現在生活開心，將來怎麼樣是遙不可及的事。父母看得
遠，孩子卻看得近。

(4)**父母看現實，孩子愛幻想**：成年人能夠清楚明白哪些是現
實社會的要求，小孩子腦裡充滿了幻想，不能把想像世界
和現實世界截然分開。

(5)**父母喜歡穩定，孩子喜愛變化**：父母要安靜下來才能工作；
孩子卻要不停地轉動，他們的工作就是「要動」。成人或
父母希望孩子安定坐下，孩子卻喜歡四處探索，跑來跑去。

(6)**父母著重理論，孩子著重體驗**：有個這樣的例子：一個母

親以舉例來教孩子除數運算理論,說:「若這裡有十二根冰棒,你帶兩個小朋友來,每人可分幾根呢?」孩子的回答會是:「媽媽,我知道你的想法,還不是每個人只能拿一根!」這中間的謬誤,是因為孩子們根據他們的經驗來回應所面對的問題。

(7)**一方看為錯綜複雜/嚴重的事,另一方則認為事情簡單:**
有次,因為母親把孩子的一個小玩具放錯了位置,在父母看來極為普通平常的事,卻惹來孩子像天崩地裂似的大吵大鬧,父母真的無法了解一件如此簡單的小事,為什麼會惹來如斯強烈的反應,媽媽感到非常非常懊惱,覺得孩子蠻橫不講理,叫人束手無策。到最後,為了了結僵局,媽媽若不是直接採取高壓的手法去壓制孩子的無理行為,就唯有改用逆轉依從的方法,結果令成年人自己變成極為被動、軟弱無力的一群。

反過來,有些時候父母認為很嚴重、複雜的事,孩子卻覺得簡單不過。例如:有一天,爸爸對兒子說:「你長大了,要聽話,不要再跟媽媽睡了,你要一個人睡覺了。」孩子不願意,反問道:「你也長大了,怎麼老是跟媽媽睡呢?」爸爸回答說:「媽媽是我的老婆。」兒子想了一想說:「我先和你老婆睡覺,將來你跟我老婆睡好了。」這下子當場把這位父親給氣壞了,認為孩子簡直是大逆不道,有悖倫

常；孩子卻覺得非常簡單，公平合理。兒童用了簡單邏輯
推理想法，而父親卻用了成人的道德邏輯想法，這完全是
兩碼子事。

⑻ **一方要快的時候，另一方卻慢吞吞**：父母要快，趕孩子上
學、不要遲到；孩子則要慢，慢吞吞地穿衣服。孩子趕著
到公園玩，父母卻慢吞吞地把所有要帶的東西收入袋中。

⑼ **一方看為重要的事，另外一方卻看成不重要**：有些小孩子
只因為丟了一張貼紙，弄得情緒很激動，心緒不寧，甚至
可以哭得聲嘶力竭，一旁的父母卻無法理解。下面是一個
經常發生在家庭裡的生活例子：四歲的小明房裡一直放著
一個大紙箱，裡面都是舊玩具、故事書等等。這個紙箱使
房間顯得很不好看，母親經常囉嗦，但小明一直沒有理會。
有一天他放學回家的時候，發現紙箱不見了，原來早上媽
媽決定幫他將紙箱內的
東西拿出來放置好，然
後將沒用的紙箱連同垃
圾一齊扔掉。這件母親
看似不重要的小事，卻
令小明發了前所未有的
脾氣。對母親來說，認
為小明這次發脾氣絕不

成人與孩童

合情理；然而對小明來說，這卻是一件非常重要的事，這
是因為雙方看事物的角度大相逕庭。

衝浪要訣
11

成人與兒童所生活的，
是兩個截然不同的邏輯
世界。

圖表5　成人思維世界與孩童思維世界之間的九項差異

	成人思維世界	孩童思維世界
1	先講求完成任務	先要求達成心願
2	重目標	重過程
3	看遠景	看現在
4	看現實	愛幻想
5	喜歡穩定	喜愛變化
6	重理論闡述	主要由體驗開始
7	一方看為錯綜複雜／嚴重的事，一方認事情簡單	
8	一方要快的時候，另一方卻慢吞吞	
9	一方看為大的事，另外一方卻看為小	

2. 小結

孩子的反應，許多時候都是那麼令成年人難以理解；孩子的想法，是那麼的不合邏輯，難以理喻。不了解以上列出的特點及差異，任憑你有多大忍耐力，始終無法與孩子和平共處。

兩個不同的邏輯，兩種全然不同的思維觀念碰在一起引發衝突，其後果絕對是可以想像的，問題是如何將兩者協調起來，使認知不足的孩子能真實明白及感受到父母的管教是出自他們的愛？

有一位老師非常盡心教導學生，可是他的方法嚴厲、要求很高，許多學生都吃不消。這位老師對他們說：「將來你們會明白我這些做法對你們的好處。」其中一位同學很感慨地對我說：「我『知道』那位老師關心我們，只是我『感受』不到。」像這樣的例子，在孩子所面對的成人世界，不難找到。

（五）善用 Montessori 的孩童早年教育階段理論

以下是一位小學家長的經歷：這位家長平常家裡吃飯的時候都非常安靜，不會大聲談話。然而，到了某個節日，因為很多親戚朋友來他們家吃飯，在吃飯暢談之際，三歲的兒子卻起了大反應，他一聽見大人們大聲談話，就非常激動地說：「你們不要再吵！」初時父母和其他長輩不以為意，但幾次以後，他的父母開始感到非常尷尬，認為孩子不能這樣大聲地喝令長輩，是時候該好好地訓練一下孩子的禮貌，可是父母越禁止孩子，孩子就越激

動,甚至失控地叫嚷。

筆者這位家長朋友將他的經歷無奈地一一道出,一方面是為自己無力教導兒子感到羞愧,另一方面是對於自己無法理解孩童的世界感到滿臉迷惑。筆者聽在心裡,立即想到如果這位朋友能夠早些接觸到意大利著名兒童教育家 Montessori 女士的兒童「秩序敏感期」的觀念,她就大可安然的渡過這一難關。

Montessori 是一位研究孩童早年教育的佼佼者,「秩序敏感期」就是她對兒童這個特有反應時期的稱謂。Montessori女士發現了一件使人難以理解的事,就是最幼小的嬰兒也已經有自己的心理生活,她的理論以「幼兒的敏感期」(sensitive periods)為核心,內在的敏感性會決定兒童從複雜的生長環境中,選擇哪些材料來做為他繼續成長發展的必要建材,這個敏感性對孩子來說,有很重要的生存意義。幼兒的「敏感期」具有多種不同的敏感特質,就好像蝴蝶的幼蟲對光線特別敏感,會朝光線蠕動,在那裡牠能找到最幼嫩的綠葉作為食物,不過這種敏感性會隨著幼蟲長大到能吃其他食物時而自動消失。

這些敏感特質包括:秩序敏感期(sensitive periods for order)、細節敏感期(sensitive periods for details)、手部運用敏感期(sensitive periods for the use of hands)、步行敏感期(sensitive period for walking)、語言敏感期(sensitive period for language)等。對幼兒來說,每方面的敏感反應都具有非常特殊的成長意義。

1. 秩序敏感期（sensitive periods for order）

　　孩子的秩序敏感期（sensitive periods for order）一般在兒童出生後幾個月至三、四歲期間最為明顯。他們對秩序非常熱愛和有強烈的渴望，這個秩序的方式不能與成人的秩序概念比較，因為幼兒的秩序不具有系統或整齊、整潔一類的意思。Montessori女士形容秩序給予成人的意思，是把外在所有的東西整齊有序地安放好，它能夠帶給成人一種外在的舒適感覺；但對幼兒來說，秩序卻是一種內在的舒適感覺，對幫助孩童掌控環境及方向感的發展非常重要。

　　就如兒童能清楚地記住他的玩具小狗擺放的地方，若有人（或者母親）將它置放於別處，孩子就感到心煩意亂，吵嚷著要把小狗放回原來的地方，這樣孩子才不會感到他的秩序世界受到干擾。

　　這個「秩序敏感期」的重要性，就好像一個心靈的指南針，給予兒童了解和適應世界內部秩序的基礎，有了這個基礎，兒童就能建立起掌控安全的感覺，否則兒童就變得極端焦躁和不安。就像剛才那個家長的三歲幼兒的反應一樣，因為母親把玩具小狗放錯了位置而感到不安和煩躁。

2. 細節敏感期（sensitive periods for details）

　　細節敏感期（sensitive periods for details）一般出現在一至兩歲之間，孩童會注意到最小細節的不協調，並會對某些小事非常

執著。比如他們會注意很細小的昆蟲、花朵及小玩意兒,而這些細小的東西往往毫不起眼到被忽略或不被注意。孩子的這種敏感特性,不容易直接被其他人察覺,而是透過一些表面看似毫不相配的激烈反應,如「發脾氣」、「鬧彆扭」、「任性」等表現出來,從而使成年人感到困難或茫然不解。

例如有一個兩歲小男孩自己正在玩耍,本來是好好的,也沒有人去干擾他,但小男孩卻突然會發起了脾氣,孩子無法表達,父母也無從理解,後來才知道原來只是因為孩子發現了玩具車的標籤被人移了位置。小男孩「發脾氣」的表現是一種內在的障礙、不安和心理緊張的反應,處理孩童這些反應,不是用高壓遏止或遷就忍讓就可以解決,必須明白其中的原委,才能幫助他「協調」這些轉變。不要誤以為這是幼兒的一些幼稚表現,其實這種對細節的敏感性是孩子發展「專注力」的重要起點。沒有了對事物細節的關注,表示這孩子還沒發展出專注的能力,那對他們日後進學校學習或其他要求專注的學習,如看書、研究玩具拼圖等事情就會出現困難。

3. 手部運用敏感期(sensitive periods for the use of hands)

手部運用敏感期(sensitive periods for the use of hands)大概在幼兒十八個月至三歲之間出現。這階段的幼兒對手部的玩意兒特

別感到興趣，如找球、拍手、搖手等，是兒童發展對世界外向性接觸的一個重要階段，每一個接觸都代表向外的探索，並從探索中得到的訊息回饋中累積對外在世界的認識。在安全範圍內，越讓孩子接觸不同的物件，越可以幫助他們建立對相類事物的認識和安全感覺，這是孩子塑造對自己能力的掌控感，和對外物客觀掌控的一種自我認識的重要過程。經常受到「不要碰！別有動作！」等制約的孩子，會對自己的能力乃至對外面世界的認識都缺乏信心，孩子會因此經常感到孤立與無助。

4. 步行敏感期（sensitive period for walking）

步行敏感期（sensitive period for walking）發生於一至二歲之間，Montessori認為學走路仿如孩子的第二次出生（second birth），由一個無助的個體變成可以自主走動的個體，對幼兒來說，這是一個極大的成就。開始爬行或走路代表了孩子可以由他原來的「一點」位置離開，往四方八面進行探索。成人步行是為了要到達某個地方，但幼兒的爬行或走路卻是來自一種他不可抑制的本能衝動，這不只是肌肉鍛鍊，也是重要開拓活動空間的準備，所以要多讓孩子周圍爬和多帶他們周圍走動，若住的地方雜物太多，或者可活動的空間太少，就要盡量多到公園，或一些可隨意爬行遊玩的地方活動。

5. 語言敏感期（sensitive period for language）

語言敏感期（sensitive period for language）兒童在這個階段的發展會非常驚人。這時期從幼兒幾個月大就已悄悄地、不為人察覺地展開，經由周圍的聲音傳達到嬰兒的腦海之中，一首搖籃曲、母親的一段歌聲或一些輕輕的細語，已可使小幼孩安靜下來。兒童能夠本能地從環境中學習掌握語言的規則、定律、文法，本身已是一個極偉大的奇蹟。

兒童在敏感時期內有其重要的收獲，最重要的是透過這些靈敏的反應和方式，去建立與外在世界的關係，發展內在的獨特能力。這種感覺，能區別各種物體與物體之間的關係，而不是只侷限於物體本身。

如果我們能夠理解孩童心靈世界的特質，我們的家庭教育、學校教育就是要配合孩子成長的敏感性。講故事給孩子聽，可以從孩子很幼小時開始，只要我們懂得降低自己的語言文法及語言內容的標準，用不同孩子的相對年齡的語言程度來開始對孩子講故事、說話及相處，培育孩子成長的工作，就會變得輕鬆多了。

在接下來的第三部分，我們會探討如何在你和孩子的親密世界之中，有效地加入故事的眾多元素及實用技巧，以達到我們希望透過說故事和聽故事幫助孩子成長的理想效果，同時也能令我們自己這些身為父母、家長、教師和導師的人能感到「說故事」和「聽故事」，是一件輕鬆愉快和不會太困難的事。

圖表6　Montessori 的孩童五個敏感期

時　　期	年　　齡
秩序敏感	幾個月至三、四歲
細節敏感	一至兩歲
手部運用敏感	十八個月至三歲
步行敏感	一至兩歲
語言敏感	幾個月至五、六歲

衝浪要訣 12

幼兒敏感期的各種特徵，對幼兒的各方面成長都有非常重要的意義，必須被清楚了解及接納包容。

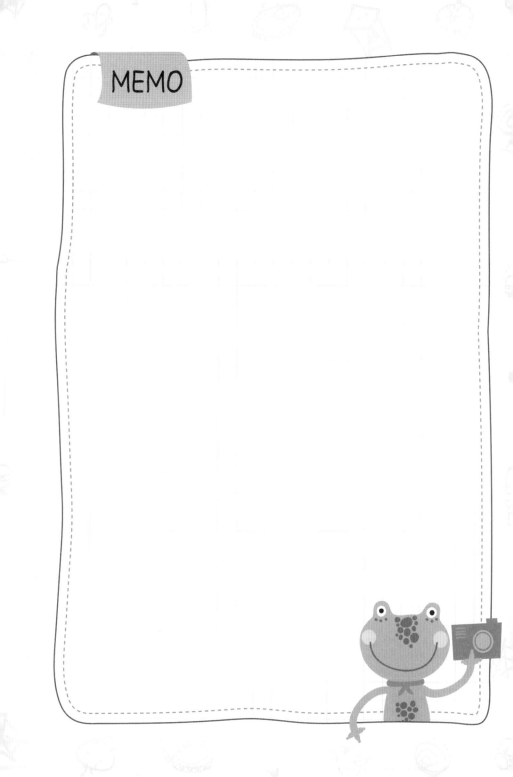

MEMO

PART III

技巧與應用

{ 開發你的運用故事技巧與能力 }

CH 6　觀察、了解與發現

　　兒童觀察（child observation）在歐美地區備受關注已有約 80 年的歷史（Isaacs, 1930, 1933; A. Freud, 1951; Adamo & Rustin, 2013），它是幫助我們了解兒童發展與成長的其中一個非常重要的方法。原因是兒童們一般的表達能力都相當有限，所以我們對他們行為的從旁觀察，以致達到一定程度的理解，便顯得格外重要，這包括認真地：對待孩子、聽他們說的話、尊重他們的解釋、重視他們的想像力和想法、探索和了解他們的感覺和觀點等等（Fawcett, 2009）。

衝浪要訣 13

由觀察影響評估，由評估影響處理，因為觀察可以豐富了解的闊度，亦幫助加深理解的深度。

6-1 作出兒童觀察的目的與關鍵

要認識孩子，我們必須先提高自己的目的意識，然後才會有效增強對他們的理解。當中，觀察者需要：抱開放的態度、學習系統記錄、拿住聚焦觀察的技巧、確信每個孩子都是獨一無二，而且此獨一性是不一定容易掌握的（Baldwin 1994）。

不同角色者進行兒童觀察時存在不同的目標和需要：治療師觀察時的重點在於治療兒童的功能障礙；老師的觀察重點主要傾向在於評估及發掘兒童的學習能力及社交傾向；輔導員的觀察重點會側重於輔助孩子的發展、及怎樣紓緩他們內在心理的困擾；而父母親的觀察重點，就更多是留意孩子的全面健康發展。但不論目的如何，筆者綜合以下六項是共通的（Feeney, 2001; Fawcett, 2009; Thomson-Salo, 2014）：

(1) **發現**：看出孩子個人的獨特素質，包括：活動方式、面部表情、身體動作、言詞語調等。

(2) **複述**：觀察者能夠清晰描述及認識兒童這些活動的真實意思和意義。

(3) **迴避**：成年人需提醒自己避免對兒童的行為或缺點具有強烈情緒或批判性的詞彙。

(4) **回應**：對孩子所表達的需要作出初步的適切探索回應。

(5) **評估**：評估個別兒童行為與其他兒童的一般發展常模常態

（normal distribution）中所表現的差異及所在位置，從而對
其個別獨特的發展及進度進行估算。

(6)**培育：**根據孩童所處時空、環境的狀態及兒童的行為進行
配合的培育與引導。

兒童觀察的目的

6-2　作兒童觀察的前期準備

雖然兒童觀察並非必須極具規範，但適當的事前準備，還是
有需要的。箇中原因在於認知心理學上，有所謂心理捷徑這一回
事（Availability Heuristic or a mental shortcut）（Kahneman, Slovic
& Tversky, 2001）。

大體來說，人每天都會對身邊發生的事、物、及它們之間的
關係或意義作出估算，從而在心理上做好對應的準備；另外是對
所收集及觀測到的事物或感官印象，予以組織、解釋，並賦予意
義。只是，由於要處理的資料很多，因此，很多時候是慣性地採

用了心理捷徑的方式，以快速而自動的步驟去收集及分析自己心裡希望見到的東西。問題正是在於這些心理捷徑在使用時，它們多數在一個未被考證的狀態，因此經常會有偏見及誤差，因而亦會令我們對孩子的行為表現，做出不正確的知覺判斷。所以，為減少偏誤，我們需要在投入觀察前做些適當準備，包括：

(1)**內心準備**：包括盡量維持自己在一個開放的心理狀態，保持客觀、及對觀察目標的專注及留意。

(2)**清晰計劃**：包括選定要觀察的目標、記錄方式（如筆記、錄音、錄像）、時間（如在遊玩中還是用餐時）、場景（如在自己家中、或是在別人家中及校園），及作記錄後的資料分辨、整理或者向專家求教。

【舉例：美儀與紅豆湯的故事】

　　故事的主角，是一名二歲的孩子美儀，母親最近每次煮了紅豆湯，美儀都喝光光。不料有一天，母親煮了紅豆湯，恰巧碰上父親又買了糕餅回家，美儀吃過糕餅之後，從此如果有糕餅，美儀就不再選紅豆湯了。這時母親才留意到，原來自己一直以為紅豆湯喝光光，是代表美儀很喜歡喝紅豆湯，原來並不是正確的。她後來再仔細了解，才知道原來美儀近來運動量多了，放學後肚子都會有些餓，但並不是非常餓，有紅豆湯在，就把它喝光光了，卻不是特別愛吃紅豆湯。

　　我們分析上述故事當中母親的觀察之所以出了誤差,主要原因是因為她這前期得到的快速印象結論,是僅由她的一道心理知覺捷徑而來,當中從未有真正向美儀查詢過而造成。

　　之後,為了要能更掌握美儀的飲食愛好,母親設計了一個為期一個月的「美儀在不同飲食場境下做的飲食選擇」觀察計劃,結果有許多新的發現,包括:(1)美儀原來喜歡選擇多色彩和較軟綿的食物;(2)有小朋友在一起時,她會吃得特別快;(3)美儀很喜歡把食物分類來吃,倘若次序倒轉,她會主動重新編排一次。在這之後,母親對安排美儀的飯餐小食就得心應手多了。

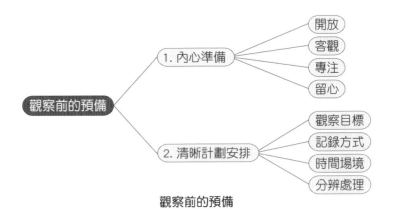

觀察前的預備

6-3　以生活故事敘述的方式進行兒童觀察記錄

　　兒童觀察本身是一科專門的學問,也是一門專業,觀察法云云種種,通常需要有精深的系統性理論,與實際練習與修習,才

能掌握。這裡，筆者選擇為大家介紹其中一種與本書主題（故事）有關的方法，我稱它為「生活故事敘述記錄法」。它是屬於非正式觀察法一類，是筆者多年來整合個人經驗所發展出來的一種兒童觀察方法。它的特點是相對比較簡單，容易運用，即使未經專業訓練的家長及兒童工作者，仍可用之於增進對孩子成長發展的了解。有了這個系統記錄，即使將來與專業的輔導員或心理治療師分享時，亦相當有用、真實及有趣。過程中，不但讓人更了解孩子，也給人更多的自我反省機會。

1. 摘要紀錄

2. 進行仔細分類

3. 為事件命名

4. 解讀事件並明白真實意思

5. 尋找發現

6. 進行自省

「生活故事敘述記錄法」的六個進行步驟

生活故事敘述記錄法主要包括六個步驟:

(1)**摘要記錄**:把故事經過摘錄記錄下來,好處是簡單、快捷、即時及避免遺忘。日間,我們會為許多事忙碌著,當下以「摘要」方式簡快記錄,然後到晚上或者有空餘時,就可將想補充的細節再加回來,這樣就可以有條不紊的將希望記錄的東西記錄下來。

(2)**進行仔細分類**:接續的第二步驟是將之前經由我們五官接收到的有關摘要事件,作細項式分類,包括孩子表達的行為、情緒反應、當中對話、事件的經過、及前因後果等等,都可以一一記錄下來。

(3)**為事件命名**:這步驟簡單而重要。它是觀察者練習整理、分析及歸類。

(4)**解讀事件並明白真實意思**:觀察者不單要知道孩子的行為及發出的問題,最好更是能解讀及明白他們為何有此行為及有此發問,了解他們想要表達的真實意思。

(5)**尋找新的發現**:發現是第五步要做的事,它的意思是指對事物的認識再次提高,能夠用一個個新的視野來思考、解釋、形容或描繪原來事物或情況,並在過程中使自己的知識更豐富,這是整個觀察法中精華的所在。例如:我們知道孩子的哭喊是因為他肚子餓,新的發現是哭聲還可以用作呼喚父母關注的工具。

(6)**最後是進行自省**：自省是觀察者藉由與被觀察者的互動中，對自己的言行再次有所檢視，並讓自己也進步，因為能自省者，強。

以下是「故事敘述記錄表」的設計，可以幫助家長或兒童工作者將事件觀察經過記錄下來之用。

圖表 7　故事敘述記錄表

故事敘述記錄			
日期及時間			
事件發生場景			
事件的摘要			
事件之前發生什麼事	聽到	當中的說話內容	
		當中有何信息	
	看到	當中的行為	
		當中有什麼情緒反應	
事件進行中發生什麼事	聽到	當中的說話內容	
		當中有何信息	
	看到	當中的行為	
		當中有什麼情緒反應	
事件發生後發生什麼事	聽到	當中的說話內容	
		當中有何信息	
	看到	當中的行為	
		當中有什麼情緒反應	

為事件命名	
對孩子的新發現	
對自己的新發現	

　　下面的圖表是一個應用範例，是筆者培育年幼女兒時的一則親身生活記錄，讀者可以作為使用「故事敘述記錄表」時的參考。

圖表 8　故事敘述記錄範例

故事敘述記錄			
日期及時間	女兒八歲的時候；八月中旬；星期六；早上		
事件發生場景	家中		
事件的摘要	一家人本來正開心地準備去泳池游玩，期間女兒連續發出幾個協助要求，丈夫覺得不合理，責備她「依賴」，女兒忍不住躲進洗手間哭了起來，氣氛立時變得緊張。		
事件之前發生什麼事	在準備的時候，我和丈夫一邊收拾東西，一邊討論其他一些問題，雙方漸而為澄清一些自己的立場使得談話開始顯得激烈。	聽到	當中的說話內容	夫婦二人不停說話，女兒沒有說什麼。
			當中有何信息	信息模糊，只覺得大家都感到「不被聆聽」。

		看到	當中的行為	我們夫婦二人討論的時候，聲音越來越大，各持己見。女兒在房間中走動，好像也在收拾東西。
			當中有什麼情緒反應	當時兩個成年人的情緒狀態，在短時間內由平靜轉得激動，都疏忽女兒的狀態。
事件進行中發生什麼事	女兒開始走過來問我們她的泳衣在那裡，我們不以為意，要她自己去找，然後繼續辯論。不到兩分鐘，她回來說找不到。我再一次給她指示到哪裡找。轉過眼，她又來問泳衣在哪裡。丈夫因不能分神處理她的要求，當下斥責她的行為「依賴」。	聽到	當中的說話內容	女兒問：「媽媽，泳衣在哪裡？」我的回答：「在第三個衣櫃內。」第二次，女兒再問：「找不到，媽媽，泳衣在哪裡？」我的回答：「在第三個衣櫃內。你再找清楚。」第三次，女兒再問：「找不到，媽媽，泳衣在哪裡？你幫我找呀！」丈夫回答：「自己的事，要自己做，怎能整天依賴媽媽。」
			當中有何信息	我們收到女兒的信息是：「我找不到泳衣，請幫忙。」

		看到	當中的行為	我看見的只是女兒在房間走來走去。我們看見的是她的問題,阻礙了我們繼續辯論。
			當中有什麼情緒反應	我們最初看不見女兒的情緒;我看見丈夫的急躁;我看見丈夫開始不耐煩;我沒有空間留意自己的情緒。
事件發生後發生什麼事	女兒馬上哭了起來,非常困擾。她走進洗手間,喃喃自語,細聲地哭訴著。她的哭聲立時把我「叫醒」,我暫停了與丈夫的激辯,走到她身旁表示明白及關心。之後,就開始去了解整件事情。	聽到	當中的說話內容	她說:「媽媽,我見你們兩人在衝突,我希望自己可以幫幫忙,做一些事情將你們的注意力轉開。」
			當中有何信息	女兒的信息:爸爸媽媽,你們不要爭吵,我來幫忙。
		看到	當中的行為	女兒的行為:企圖用方法抵擋、阻止我們爭吵。
			當中有什麼情緒反應	女兒的情緒:擔心、憂慮、害怕、戰兢、心急、想幫忙。
為事件命名	螳臂擋車			

對孩子 的 新發現	(1)聽完以後，自己心中頓時一酸，體會到孩子有時為了照顧她關心的人與事，會嘗試用他們那細小且僅有的力量，去為家庭護航；甚至採取犧牲、扭曲自己。 (2)我向她解釋，告訴她大人的問題並不如她想像的惡劣，請她放心。希望用了解和安慰的說話，撫平她那受了傷的小小心靈。 (3)女兒原來有頗高的洞察力。
對自己 的 新發現	(1)平時善於細心觀察的自己，在爭論的時候，優勢完全發揮不出來，更遑論做到「知己知彼」。 (2)彷彿在五里霧中，什麼都看不見。連自己的狀態也看不見。這原來會為女兒帶給許多不安。 (3)我想，但願我們成年人能夠更深的反省自己，對於孩子們的需要有更多的理解。

6-4　剔掉干擾觀察的因素

在作出兒童觀察的過程中，有許多不可避免的主觀性因素，會影響成年人對兒童行為觀察的客觀性。當中包括：來自成人的因素，及來自孩子的因素，這兩項都值得注意。

影響兒童觀察結果的因素

1. 來自成人的因素（歸因理論）

　　成人理解兒童，很多時仍是以自己的主觀性出發，包括我們的專業背景、童年經驗、成長背景、及文化背景等；此外，還有我們自己感官既成的接收組織、處理及選擇訊息印象的習慣，它們都共同影響著我們對觀察結果的詮釋。1920 年，Heider 從社會心理學的角度，提出了「歸因理論（attribution theory）」，有助於大家了解上面所談到的問題。

　　「歸因」一詞有兩個主要含義：一是指對行為的解釋（即「他為什麼如此」）；二是推理或歸因（例如，從行為推斷徵狀，並將責任歸咎某人）（Malle, 2011）。「歸因理論」主要指出：當人們判斷其他人的行為時，會企圖或試圖將原因歸之於造成該行為發生的外在或內在因素。分為兩大類：

(1)**情境歸因**（situational attribution）：又叫「外在歸因（external attribution）」，這是指該行為是由其他外在因素導致。

(2)**性格歸因**（dispositional attribution）：又稱為「內在歸因（internal attribution）」，是指該行為由當事人的內在性格引發。

無論是哪一個類別，其歸因的方法基本上仍是一種對事情理解時採行的「心理捷徑」（這名詞我們在本章的較前面已介紹過了）。

　　以下故事，可以協助大家更具體地明白歸因理論──這個作

為「心理捷徑」的其中一個成員。

【舉例：不願溫習的朗曦】

陳先生算是一個很有耐性父親。有一天，十歲的兒子朗曦需要為第二天的默書測驗準備溫習，看著朗曦拿著課本，坐在書桌旁東張西望，毫不專心，只是一直懶洋洋的坐著。父親於是放下自己手上的工作，陪伴朗曦溫習。他很用心地教導他，怎料朗曦卻由懶洋洋變成不耐煩，父親看著他臉上那麼不願意及厭倦的表情，開始時還可以忍耐，細心規勸說：「溫習完了，就可以去玩。」只是，朗曦越來越無精打采，父親最終開始發怒，責備他懶惰、不用功，氣氛瞬間變得很僵。

朗曦大聲說：「我討厭讀書！我覺得壓力很大。」跟著，開始哭了起來。過了好一會兒，陳先生和兒子都稍為平復，陳先生開始說：「對不起，我剛才誤會你了。」然後，朗曦告訴父親：「我很害怕上學。」到這一刻，陳先生才恍然明白兒子真正的內心處境狀態。

分析以上的例子正好告訴我們，父親對兒子行為的直覺觀察出現了偏差。父母原以為自己每天與孩子相處，已經收集足夠多對孩子表現的觀察資料，然而卻沒留意到，這些資料的搜集，非常容易受到個人的偏見、偏好、選擇、注意力、觀念等影響，而導致偏移。

陳先生的問題，肇因於他受制「內在歸因」傾向而作出即時對兒子的判斷。他「看見朗曦拿著課本，東張西望，毫不專心，懶洋洋的坐著。」就解釋為兒子「懶惰」，而毫無察覺兒子的「壓力」和「恐懼」。倘若陳先生對觀察朗曦的情況，能夠作出一個比較仔細的系統性分析，整個局面會截然不同。因為陳先生對資料蒐集的焦點，主要集中在「東張西望，毫不專心」的行為表現，然後就解釋為「懶洋洋、懶惰、不用功」，而把「朗曦拿著課本，坐在書桌旁邊」的狀況，僅看為沒有重要性的旁枝末節，沒有注意到朗曦所處的「壓力」及「恐懼」狀態。假若陳先生一開始就注意到「保持拿著課本，坐在書桌旁邊」和「不能專注」是組互相「矛盾」的現象訊號，他可能就在更早的時間、去了解兒子的真實境況。

衝浪要訣
14

成人一般判斷孩子的行為時，容易「低估了外在環境因素」的影響力，而同時又「高估了孩子個人因素的影響」，做父母的需多加留意。

2. 來自孩子的因素

兒童發展過程中，有一項我們不能忽略的重要影響因素，就是他們與成人的關係。Bowlby（1969）的「依附理論（attachment

theory）」，不單可以引領大家了解兒童如何從依附他們的父母或照顧者中的經驗中形成「內在運作模式（internal working model）」，及兒童如何與他人建立起彼此之間的關係藍圖，更加可以幫助旁人了解「依附」如何與兒童的整個生命發展歷程產生密切的關連（Bretherton & Munholland,1999），值得認真學習。

兒童的世界本來就是清澈且有高強的敏感度，他們沒有成人的語言能力來表達自己的心中感受，然而他們的心靈眼睛，卻會不停的洞察著身邊的每個人——特別是他們的父母親——所傳出的各種極微細緻的關係信息；他們的機靈鼻子，能從極些微的端倪中，嗅出人際關係中的不安與危機。也由於兒童的內心其實存在「不斷地試圖理解成人的意圖」的傾向，因此他們的有些反應，其實並不是出於自己的真實意願，而是為了討好照顧者所逆行產生的作為或不作為。而正因為這個情況，使得父母及照顧者對兒童行為的理解，經常出現誤差，下面就是一個大家可參考的個案。

【輔導室個案舉例：我的家，有爸爸，有媽媽……】

傑仔，是一個非常可愛的七至八歲的男孩，但最近成績急降，並且無法集中精神上課，父母親為了孩子需要而尋求輔導，但他的父母陳先生／陳太太都同時向輔導師的我強調，傑仔是一個非常樂天的孩子。

為了更了解這個家庭的需求，我先後約見了整個家庭的全

部成員，然後又個別約見了孩子。情況是：父母親二人的性格、氣質非常不同。父親是個慢郎中，處事悠閒；母親是急驚風，高效能性格。二人說話的速度大相逕庭，一下子就可以令輔導室的氣氛進入緊張爭辯的狀態，輔導室多次進入需要緊急心理修復狀態。孩子起初尚是安靜，但眉宇間露出了點忐忑，一瞬間，傑仔走到母親跟前，笑著，輕輕地玩弄著母親的頭髮。

之後，在我單獨與傑仔會面的時候，他向我朗讀了一篇他親自改編的文章：「我的家，有爸爸，有媽媽。媽媽吱吱喳，爸爸怕了她。」讀完後，還發出咯咯笑聲，然後叮囑我一句：「千萬不要告訴我的媽媽。嘻！嘻！」從這孩子臉上流露出來的純真笑容，讓我深深感受到這孩子從家庭關係中所得到的是何種類的體驗。我亦留意到他的眼睛和耳朵，都是異常敏捷的。

傑仔考量自己若要做父母間的「潤滑劑」，惟有「變身」成另一種表現的自己，再而由此減低父母之間的張力。而更微妙的就是他發現，當他的功課出現問題的時候，父母就會花更多心思、時間在他的學業上，因而「分散」了他們之間的張力。

孩子活在成人的世界中

　　傑仔的個案告訴我們：其實孩子的內心會如成年人一般，存在著許多不為父母所了解的不安。因此，家長必須注意，自己從孩子一方接收到的意思，是否就是孩子想表達的意思，這是很重要的，當我們進行兒童觀察的時候，必須注意這一點。

開啟兒童世界的秘技鑰匙

7-1　揣摩孩童發出的訊息

　　小孩子對周圍世界的理解很片面，經驗有限、詞彙貧乏，所以他們常常使用一些奇特的「代碼」表達自己的思想、傳遞訊息，因此父母必須習慣運用自由性思維，以求探索及破譯他們心中這些「代碼」。破譯之後，你就能夠把自己變成「跟他一樣」的小孩子，進入他的內心世界，進行輔導。以下是君臨及另一孩子的個案：

【案例1】

　　君臨三歲時，母親第一次帶著他去幼兒園參觀，看著牆上貼的畫，君臨大聲問：「是誰畫的，這麼難看！」

　　母親有些尷尬，不滿意地看著兒子，連忙告訴他：「這畫畫得很好啊，那裡會難看，你真沒有禮貌。」

　　幼兒園的老師懂得君臨這一問題的含意，笑著說：「到了這裡，你不一定要畫得很好。要是你喜歡畫，畫得好不好都沒有關係。」

　　君臨聽後，眉開眼笑，因為他心底的問題正是：如果一個

孩子畫畫畫得不好該怎麼辦？現在他得到了滿意的答案。

　　準備讀書上學，對小孩來說是充滿著壓力的，他心想：「如果老師們和藹可親，儘管畫得不好、做得不好，老師都不生氣，也不罵人，那我就不必害怕了。」孩子的世界需要悉心解讀，這樣彼此間可減少誤解、不快，恐慌與焦慮。

【案例2】

　　有一天，有一對非常焦慮的父母來到輔導室找筆者，他們擔心正在念小學二年級的兒子出現精神問題，因為孩子的班主任突然致電慰問他的母親，使他們發現問題非常嚴重，根據老師說，孩子告訴她：「我的父親今天死了，而且死得很慘。」老師聽了，便安慰他，並且特別致電家人，希望了解發生了什麼事情。

　　夫妻兩人聽了面面相覷，非常擔心。經過一番了解，才知道當天早上孩子上學前與父親有一番爭執，並惹得父親大罵和被教訓了一頓，父親氣著說：「貧嘴薄舌，你氣死我了！」

　　孩子，經常遊動於現實世界和幻想世界之間，許多父母不明白孩子的這種思維特性，用成人的角度去解讀他們，就會誤解他們是在說謊。遇到問題，孩子沒有多少能力能化解自己內心的焦慮、憤怒，他們都會本能地運用自我的幻想世界去試圖消除內心

無名的不安與衝突,這個幻想過程很奇妙,它的功效如同真正見完輔導員,會瞬間減輕孩子內在的痛苦。

如果在這個過程中,孩子得到成人的指引、誘導,允許他們透過故事的方式疏導、宣洩、表達,內心的矛盾將可以被淨化、清洗,不會積存出負面的情緒;否則,孩子將會走進幻想世界裡躲避,不願或不敢走出來,面對他們不能面對的現實世界,許多精神病患者所選取的自我防衛途徑,就是讓自己躲藏在自己的幻覺、幻象裡繼續生存,他們感到走出來會很不安全。

7-2 善用語言、語調及內容情節來揉合故事

故事實際上是一種運用語言傳導,達到協助間接思考的重要溝通工具;故事提供一個特殊的心靈空間,給人思考、感受及回應;故事的內容可以是虛構的事件,也可以是真實的經歷,主要是按著說故事者愛好、擅長、注意的重點,有意識或無意識地編排、選取或創造出來,當中充滿很多發展或改動的空間。

故事蘊含多元情節,受眾可以第一人稱的身分、或超越的旁觀者角度去參與。這樣,大家仿如有一雙透視的眼睛,可以看穿事情的演變,這對於仍在成長中而又能力有限的孩童,可以產生「權能感賦予(empowerment)」的特別效用。

運用故事來培養溝通,可以有效縮短父母與孩子之間的距離張力,尤其是在面對衝突時,是一種很好的緩解矛盾、及協調親

子關係的潤滑工具。

7-3 讓故事成為你的家庭成員

1. 運用故事的引力來吸引孩童的注意力

　　牛頓注意到蘋果會朝著地心引力掉下，同理，孩子也會被廣闊無邊的故事吸引，走到你這個講故事者的身旁，細心聆聽。聽故事與講故事所釋放出的爆炸力，驅動和喚醒了孩子的發展能量，激活他們的創作思考，開拓他們的生活能力和情緒智能等多方面的潛能。

　　有一次，在火車上，一個大概七、八歲的小孩子，遭母親公開教訓他只顧看電視，沒好好做作業。孩子反駁說：「我是被電視機的聲波及電波吸引，被逼著看的。」這個母親未能聽出孩子話裡的信息，仍然繼續訓話。但筆者卻從心裡欣賞這個孩子的直覺智慧，他正好將小孩子的心聲十足地表露無遺，因為孩子的意思就是說：「媽媽，我是身不由己的，這些故事太吸引人，我很喜歡逗留在那裡聽跟看。」

我正在接受電視機
發出的聲波及視訊

有效的教育首先要從吸引孩子的注意力開始，只有能進入孩子的心靈世界，才能開啟他們的教育之門。為方便我們成年人來了解孩童微妙的心靈領域，我借用電腦、智慧型手機來作個比喻：兒童的世界就如一個可以輸入許多不同軟體程式的硬體，父母或導師可以透過「故事」輸入程式，有效地啟動這部電腦、智慧型手機的各項軟體運作。

孩子的故事密碼一經配對啟動，你將會很容易贏取他們的注意力和關注。故事越有趣，孩子便會越專心，說故事可以很快地將聽眾的注意力集中起來。一開始，孩子會喜歡聽你說，接著，隨著他們年齡和表達能力加強，他們可以局部地介入你的故事之中，再來，他們就會有更多的參與，從中你就能夠開啟與孩子（或其他家人）溝通的空間。

筆者的女兒剛開始學刷牙時，她非常不喜歡做一連串的麻煩動作，有可能是因為牙刷帶給她不舒服的感覺，她每天都非常抗拒刷牙這件例行但又重要的公事。直到有天，我給她講了一個有關牙蟲的故事。我說：「牙蟲要襲擊牙齒，於是保護小朋友的消滅牙蟲部隊開始出擊，他們和牙刷先生一起合作，刷、刷、刷，又，刷、刷、刷。」之後我又作了幾句兒歌跟她一起唱：「牙蟲拜拜！牙蟲拜拜！刷、刷、刷、刷，牙蟲拜拜！」就這樣，她一邊聽著故事、一邊唱著歌，感覺非常快樂，從此就不再逃避刷牙了。

透過說故事、唱兒歌，刷牙的事變得非常有趣。每天晚上，女兒都嚷著要聽牙刷先生和消滅牙蟲部隊的故事，她要幫助他們一起抓牙蟲，本來怕刷牙的她，就這樣變成了愛刷牙的小孩。

你看，沒有打罵、沒有威嚇、沒有哭泣，學刷牙的使命就立即被完成了，並且得了 100 分。可見，故事的吸引力和威力是多麼的大，加上孩子澎湃的聯想力和創意，故事就能發展出更強大的影響力和推動力！

芒果仔與牙蟲說 Bye Bye

很多時候，孩子是非常出色的抗拒專家，特別是碰上一些他們感到有壓力和困難的事情。在這個時候，我們必須懂得巧妙的將這些阻力化解，否則就須要將能量置放在處理矛盾感覺、衝突和爭執之中，所耗費的氣力反而更多。

許多小朋友面對成人的斥責或直接盤問時，都會採用防衛機制、迴避或否認問題，當這些情況出現時，我們並不需要直接戳

破，有時迂迴的巧計會比尖銳的質問來得有效，並減少破壞彼此的關係。用故事啟發孩子思考反省，轉變孩子的注意點（Refocusing Method），是很好的方法，並能藉此將難題轉化成有趣的問題。

曾經有一位母親，因為兒子不聽話，默誦時又得了零分，她因此非常懊惱，失望和憤怒，於是打了小孩一頓。在輔導這位母親的過程當中，筆者請她把兒子也帶到輔導室來，在輔導室裡，筆者教她如何教導兒子學習，方法非常簡單，就是營造特別的故事氣氛：一方面認同孩子面對的默誦壓力，另一方面運用表達故事和同理心的技巧，在故事裡加入不同的角色人物，與孩子連成一隊「默誦特工隊」，一起對抗「英語大王」的挑戰。這個一向被母親認為無可救藥，成績差的孩子，出奇地，筆者只用了十分鐘，就能夠使孩子把需要默誦的英文字完完全全地默寫出來。

筆者給小孩感受到一個輕鬆和舒暢的學習環境，從溫習已熟悉的英文字和已掌握到的英文字開始，然後再練習其他艱深的文字。這個過程，讓他的媽媽明白自己的孩子有多大本領，不必糾纏、不用氣餒，只需調對好孩子耳朵裡收音機的收聽率頻，再艱難的問題，也會自動迎刃而解。

古語有云：「千里馬常有，伯樂不常有。」讓我們一起來學做孩子的伯樂，培養對孩子更深的認識，用適合的方法教導他們成長。

2. 運用故事的宇宙無限去開啟和擴展孩子的創意思維

多數人都有過這樣的經驗：同一件事物，從不同的角度去觀察，就會得到不同的效果。用望遠鏡和用顯微鏡來看一件事物，發現到的東西將會全然不同。除了微觀和遠觀外，還可以從中距離去觀察，運用不同的距離去聽、看和思考，我們將不再糾纏於同一件事、同一矛盾，並能藉此擴展自我的思維領域，發展出更多乃至無窮的創意空間。

故事，是可以憑空創造的，在這方面正好發揮它最大的優點，可以協助講故事者盡展所長，解救孩子於每一個難題之中。只要孩子故事聽多了，他也會自己創造故事。培養孩子用不同的角度看事物，和學會用故事來解救自己，生活即便有困難，也可以變成趣味。

筆者記得童年的時候家裡很窮，父母忙於工作，身為長女，儘管當時只有八歲，就要擔負起煮飯洗衣的家務。筆者當時就是以自娛的方法去面對沉悶的家務和不開心的經驗，自己說故事給自己聽：有時候以電台訴心聲節目主持人的身分去傾聽自己打上來的電話，來安慰自己；有時候又扮演「家務廚房專家」，教人如何洗衣服和洗米煮飯，並假裝有很多現場觀眾正在欣賞自己的演出。就這樣，筆者渡過許多艱難歲月，並發展出一套情緒自我調節的機制，這對筆者能安然地渡過起伏的青少年階段，有著非常重要的作用。現在回想起來，仍然覺得非常有趣，還頗有創意

哩！

說故事，可說是發揮創造力的一種，一個有能力說故事的人，將是一個有創造性的人。故事容許講者運用更大的虛擬空間來拓展出新的思維出路，使受困思想可以從困難與現實的壓力中迸發出光彩。

自娛的方法有很多種，筆者的小女兒也有了她自己的一套。有一天筆者不太舒服，要留在家裡休息，沒有帶三歲的女兒上學。很多時候，這個階段的孩童總會纏著父母陪她玩耍，我女兒當然也不例外。這天筆者告訴她：「媽媽不能陪你玩，因為媽媽不舒服。」她說：「知道啦！」接著問：「如果你舒服了，就可以跟我玩。」筆者回答說：「我還有事情要做！」她就說：「你做完之後，就可以跟我玩。」筆者說：「好。」

中午的時候，她很興奮地走到筆者跟前，說：「媽媽，我不悶。」她伸出自己雙手在我面前，垂直分開兩邊，逗趣著說：「我這邊手同那邊手玩，這邊又跟那邊玩，所以不會悶。我這邊手跟那邊手講故事，所以不會悶。」當時筆者實在非常地驚訝：這麼小的幼兒竟然有這樣的創意思維！我們每天都會不停地在心裡自我對話，這時，女兒只是用了自己娛樂自己的方式來對話而已。

不要小看一個個小故事，當孩子能夠接觸越多越豐富的故事領域，他們的思維領域就會相應越豐富起來，解決問題的能力就越廣博。所以要鼓勵孩子多看各種類型的故事，嘗試給孩子多說

各種類型的故事，以無限制的思維啟導孩子，他們必定會得益良多。

衝浪要訣 15

孩子容易被廣闊無邊的故事所吸引，放開懷抱，放鬆心情。

3. 運用故事的情感魅力來栽種孩子的童年情

　　故事叫人著迷的地方，是因為故事可以為聽眾帶來鮮明的情緒經驗，並帶來深遠的影響。一生之中，一直有許許多多的故事伴隨著我們成長，這些故事裡有些融合了童年時快樂和美妙的情緒經驗，能夠像雨水、像陽光一樣滋養我們的生命，增添喜悅。「小叮噹」、「老夫子」、「科學小飛俠」、「無敵鐵金剛」、「藍色小精靈」、「小甜甜」、「長腿叔叔」、「機器娃娃」、「美少女戰士」、「七龍珠」、「莎拉公主」、「忍者哈特利」、「中華小當家」……一個個故事裡的人物，都令人記憶深刻，每次想起來，都會悠然生起一份很熟悉、很陶醉的感覺。

　　只要這些牢牢在我們記憶裡的人物被呼喚出來，昔日的情感也會立刻一起浮現出來，童年情已經與許多的往事記憶、故事人物編織在一起，這些情緒經驗對一個成長中的兒童來說，是非常

重要的。

　　看了蕭芳芳主演的《女人四十》，故事描述了中國女性的超載和負荷感受，使不少有著相同經歷的傳統中國女性流下了淚水，能與自己內在的經驗產生共鳴，即便是有些事情已成過去，但感覺卻是歷歷如新，故事的門一旦展開，情感的門將一同開啟，讓情感被誘發出來。生命中曾經有過的幾道疤痕，都可以經由再次的被接觸而重新被認識，又重新地被了解、咀嚼，進而達到與自己內部的重新和解，能夠自由地去感覺和觸碰自己內在的感受，對心靈創傷有很好的療效。

　　童年時期是孩子成長的關鍵時期，這時期個人的情緒體驗，可以全部停留在整個人生之中，為個人的人生渲染上一層層的底色。以豐富多樣性的故事栽種孩子的童年情，將來他們長大後，仍然會終生受用。

4. 運用故事來與兒童的內心世界對話

　　不要以為小孩子什麼也不懂，其實他們有很強的感應及洞察力，非常清楚大人期望的答案，特別是父母、老師、或長輩等有權力的人，當你問他：「你開心嗎？」「爸爸疼不疼你？」「你覺得媽媽對你好不好？」他的答案多半會是「很開心。」「很疼我。」「好。」

　　為什麼孩子多半會選擇不與大人期望相反的答案呢？根據

Kohlberg 的研究，孩子道德發展的第一個階段（零至九歲）的特點，是會採取對權力絕對服從和避免懲罰，因為他們感覺到自己的能力太小，不敢與大人的意願對抗。所以，除非他們覺得安全，否則你絕對不容易獲得孩子的心底話。

等到孩子長到九至十二歲時（或再早一些），才會開始注意到手段與利益的問題，行為較多取決於自己是否覺得開心，是否會獲得獎賞或好處。其次是成人對於孩童來說，是又懼怕，又想親近的，若是較親近或熟稔的成年人，如父母或老師，孩子會渴望去討好或順應他們的要求，以求獲得接納、關注；但對較陌生的成年人，懼怕和焦慮的感覺則較明顯，所以多會選擇最安全的樣版式回答。其次，兒童語言能力及詞彙限制，並不足夠闡釋自己的心中矛盾，對嚴肅和凝重氣氛的討論實在不感興趣，所以順口含混回答一句，希望就此過關，結束討論。

要突破此一難題，故事就能派上用場，與孩子的內心真正對話，故事本身的虛構性及非直接性，讓兒童不用擔心洩露自己心中的秘密，即便是不被接納的希望、衝突、秘密等，也可以投射的方式、幻想的方式表達出來。

給予孩子一個足夠安全的心靈空間，用間接溝通的方法對孩子來說會較為舒服，透過用故事語言的方式交談，孩子會感到更加有趣，因為故事具有虛構性，所以孩子知道即便說了一些不容易被接納的祈望或想法，也不會被過分責備，他們就會較願意說

出心底的話。

一位五年級的小朋友靜靜地告訴筆者，她是如何面對那位又兇又權威的老師，她說全班同學即便有疑問，也沒有一個敢向那位老師發問，因為老師的反應非常權威，她說了算，不許有任何質疑。所以課堂上只要是這位老師講課，學生都不會提問，碰到必須回答時，她的慣常應對辦法就是假裝知道說：「知道了」、「明白了」，她邊說邊表現出無奈的神情。就這樣，孩子因為要生存，便學會了陽奉陰違。

衝浪要訣
16
以故事來與孩子的內心
進行對話。

5. 運用故事來幫助孩子發展高情緒智商

孩子在未經用心培育之前，什麼也不懂，但在適心培育之後，他們潛藏的內涵被彰顯，成為具有自信、上進、健康愉快、充滿感情的新一代。孩子如同一塊等人協助琢磨的璞玉，看上去一文不值，但只要有好的商賈、匠人就能發現它，並將它琢磨成耀眼的美玉。

Daniel Goleman指出：家庭生活是每個人學習情緒的第一所學

校，很多深刻的情緒記憶都是從嬰兒時與父母相處的經驗建立起來。情緒的教育是家庭的功能之一，孩子如何面對壓力、失敗，如何辨識自己的煩惱、憤怒和悲傷的感覺，與處理別人的焦慮和恐懼等情緒。在孩提階段，孩子對情緒的資訊大部份都是由父母處學習得到。

Peter Salvovey 認為情緒智商涵概了五個大類，包括：

(1)認識自己情緒的能力，包括辨識自己的感受。

(2)妥善管理情緒的能力，包括能夠掌控自己、安慰自己、自我調適及管理情緒。

(3)自我激勵的能力，包括能夠自我鼓勵及保持熱忱。

(4)認知他人情緒的能力，包括具有同理心和能察覺別人的訊息。

(5)人際關係管理的能力，包括擁有人際相處及領導能力和人際和諧的技巧。

高情緒智商的孩童，不等於沒有情緒，也不等於能夠經常處於平靜的情緒狀態。而是：

(1)他們能夠直接表達自己的感受，讓別人能夠明白他們。

(2)對情緒的反應與恢復能力較強。

(3)容易明白他人，易結交朋友及善於調適壓力。

我們必須注意，孩子始終是孩子，不是成人，縱使他們的情緒智商較高，他們也是正在成長和學習中，成熟度遠比不上成人，

穩定程度也不會像成年人一樣。要培育兒童的情緒智能,是需要按部就班,跟隨著他們成長的步伐,循序漸進。John Gottman 在《怎樣教養高 EQ 小孩》(*The Heart of Parenting－How to raise an Emotionally Intelligent Child*)一書中指出,父母對孩童進行情緒輔導時有五個典型步驟跟隨:

(1)察覺到孩子有情緒。

(2)了解情緒是與孩子親近和教導的機會。

(3)用同理心傾聽,確認他們的感受。

(4)協助孩子找尋適當的言辭來標示和表達自己的情緒。

(5)探索解決眼前問題的方法,協助設定限制。

情緒的教育的目標是:

(1)教導孩子認識、接觸和明白自己的情緒和各種情緒起伏。

(2)讓孩子明白情緒並不可怕。

(3)負面的情緒其實能提供我們最有用的信號,它告訴我們關於自己的內在狀況。

(4)破解由情緒發出的信號,會有助於我們更了解自己,知道自己的感覺,然後才能恰當地照顧和清楚地表達。

(5)最後,那位你想向他表達的人也能明白你的情緒狀態和內容。

確認孩子的感受是一個非常重要的做法,也是一個建立孩童自信心的重要基礎,一個人如果連自己的感覺也不敢肯定,又怎

麼能談得上對自己的反應和所做的決定有信心呢？自己對自己的感覺熟悉和了解的人，是建立自信心的必要條件。

「故事」，在這方面同樣能夠扮演很重要的角色。David Epston 和 Jennifer Freeman 在《兒童敘事治療－嚴重問題的遊戲取向》（*Playful Approaches to Serious Problems-Narrative Therapy with Children and their Families*）中提到與兒童以「遊戲的溝通方式（playful communication）」，原因是大部分的孩子都寧願以好玩的方式與別人溝通，而遊戲可以包括想像、幻想、象徵、隱喻、說故事等。用遊戲這種方式溝通，孩子會明顯表現出興趣，人也會活潑起來。舉例來說：

有天剛吃完晚飯，孩子就呼呼地說：「肚子好餓呀！」父母有時想不過來，可能會不經意地回一句：「又嚷肚子餓！你吃飯時為什麼不吃飽？」向孩子作出了厭煩的表情。這時孩子的反應自然是覺得父母在責備他，因而露出不悅的面容。這時候，父母如果能這樣說：「你的肚子又在打鼓啦，又來奏鳴曲呀！」效果將會好得多。只是一個簡單的說故事的技巧，就能將瀕臨衝突矛盾的局面化解了，並直接對孩子的需要作出了關懷，這是多麼好的一件事！

敘事治療法（Narrative Therapy）的格言是「問題是問題，人不是問題」，將人和問題分開，可以減低困擾和衝突，不會僵在誰對誰錯的爭執上。相反，將人和問題分開來看，就能使有問題

的一方與自己一起站在相同的方位上，齊心協力去面對「那個問題」，將當事人和問題拉開距離，壓力就會減輕，我們就會有更多精力去處理真正的問題，這就是「說故事」（故事療法）的特有好處。

練習

答案在下頁

　　比方說，孩子不停看電視，成人會要求他們好好照顧自己的眼睛，便會說：「你要少玩電腦遊戲，才不會有近視……」這是父母常用的教導方式，孩子的回應若不是防禦式的回答如：「我沒有呀！我只玩了很短的時間」再不就會以反指控的方式進行反駁，說：「爸爸也是一樣，你又不『說』他。」結果，在言語上引起的紛爭，多過集合力量去解決問題。若是你，你會如何處理這局面呢？請嘗試運用剛剛所說的「將人和問題分開」的原則，練習回應孩子應用的語句。

衝浪要訣 **17**

故事具有極佳幫助孩子疏導各種不同情緒的能力。

（僅供參考）

若能用另外一種演譯的方法：「你的眼睛有需要，你的腦也有需要，最後是放下了眼的需要，遷就了腦的需要。『眼睛』和『腦』可能要合力做很多事，給他們一個『廣告時間（COMMERCIAL BREAK)』吧！」教導可以變成指責，指責也可轉變成教導，運用之妙，全乎一心！

6. 運用故事來幫助孩子面對憤怒及焦慮等情緒

引起兒童恐慌的原因有許多，有些是可以明白的，但有些是成年人不易明白的。兒童的焦慮、恐懼，有一部分可能是由於他們的豐富想像世界造成，透過幻想力，他們將小困難變大，或將假的事情變成真的發生過一樣。以下是這樣的一個例子：

一位就讀小學二年級的小男生，他有一位很兇的老師，許多小朋友都很怕她。有一次，因為小朋友不聽話、做錯事，她威嚇著說：「我明天會帶一瓶『面朦膏』來，誰不聽話就往誰的臉上抹！」孩子當場就給嚇壞了，幾乎不敢上學，從此這小男生就很抗拒母親給他塗護膚膏。

此外，由於兒童往往不具有應付事情的能力，這也是造成他們恐懼感倍增的原因之一，一件小小的事情也會帶給兒童沉重的

焦慮。舉個真實的例子：有天早上在長途汽車上，筆者正盡一點母親的責任協助二年級的女兒溫習英文默誦，但她因為不能背出某些生字，自己恨自己，不禁鬧起情緒來。脾氣是一種用非語言式的表達，原因可以是由於無力感或壓力太大所致，情緒感覺可以很複雜和充滿著矛盾，孩子向父母發脾氣，不一定是在怪責父母，有些時候其實是在怪責自己。

成長，是標誌著孩子的內心感受由模糊粗糙轉向成細膩而複雜，一方面希望被成人、父母肯定，但另一方面又極害怕自我的形象被批評及貶抑；盼望自主，卻又擔心被拒絕；想要自立，但又沒有足夠的能力；需要協助，又怕失去自我。這許許多多的矛盾，實在非常需要父母的忍耐和諒解，才能跨越這一個個的困難階段。

筆者女兒由默誦而引起的憤怒感覺，是因為她恨自己拼不好生字，一方面自己很急，另一方面對串字能力失了信心，可謂雙重打擊。筆者當然了解她的困境，於是，筆者很自然地又開始講故事了：

有個小朋友名叫「小心」，她一不小心掉進了憤怒海，爬不上來，其實她很希望去彼岸的開心島，但憤怒海實在太大了，風又大、浪又大，怎麼辦好呢？幸運地，有個叫小臻（女兒的暱稱）的小天使經過，看見小心遇溺，就給她拋下一個叫「信心」的救生圈，終於她上了岸，沒有被憤怒海淹沒。

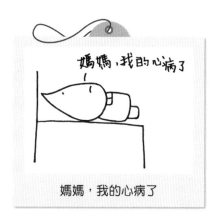

媽媽，我的心病了

　　故事講完，奇妙的事情馬上發生了，筆者看著女兒的面容瞬間放鬆下來，她被我所講的故事吸引，她的心靈地圖已經被重寫了，憤怒和矛盾情緒溜走了，消失於大氣之中。我們沒有糾纏在應如何掙脫情緒的張力中，而是利用故事所給予的「流動」空間，將問題化解。稍後，隨著女兒的情緒得到了紓緩，她說：「媽媽，下一個要拼的字是什麼呢？」果然，故事給了她啟發，她找回自己信心的救生圈，有力量自己主動提出再次溫習拼字的方案。於是我們可以好好地照常溫習了，不但得回我們希望的溫習時間，同時亦保持了母女之間的密切關係，沒有惡化，反而有了進步。

　　然而，整個故事還沒完結。過了兩天的另一個早上，我們同樣在公車站等長途汽車，等了很久，車子還沒有出現，筆者很不耐煩，非常心急，擔心會遲到，就埋怨說：「怎麼還沒有車，真是氣人！」這時，女兒不慌不忙溫柔地說：「媽媽，我給你一個

『忍耐』的救生圈！好不
好？」筆者被女兒的幽默點醒
了，意想不到的是筆者的氣就
此平撫了許多，並且因為女兒
的這種突破性成長和關心，心
裡油然溫暖起來，故事的妙用
就在於此。

我要一個信心救生圈

　　故事的原意是為取悅和撫
平孩子的幼嫩心靈，但孩子也會試著運用它們來解決自己的心理
衝突，有時還會幫我們一把呢！不用責備、不用費力抗爭，一個
簡單的故事所提供的空間，就能啟動孩子突破思維。故事模式就
仿如電腦的密碼，能夠開啟孩童的心靈電腦，使之活躍，父母就
能夠與他們產生互動。這個密碼不只對兒童特別有效，對不擅長
用語言來表達自己的成年人，也是相當有效。

　　許多時候，情緒彷彿一種傳染病，使助人者一不留心也會捲
進受助者的情緒漩渦裡，令兩者皆被箝制，如同進入困獸之鬥，
結果兩者同時受傷，特別是在親密的父子和夫婦之間，經常會出
現這種現象。說到這裡，故事的世界非常廣闊無邊，剛才一例，
只是一個起點，故事的微妙之處，在於那裡有一個自由、不受拘
束的空間，不會受現實世界干擾。透過故事做工具，我們讓孩子
感到在問題出現時，他們本人的價值不會消失，他們沒有因此一

事件變得一文不值和沒用了，問題本身才是問題，孩子不是問題，這是很重要的。

　　小孩子的思維分辨力有限，當聽到父母說：「你怎麼又尿床呢？」「你寫字總是不專心！」之類的言語、批評和判語時，都會很容易覺得一定又是自己有什麼做得不好，又叫父母失望。這是因為孩子的智能還不能將人與事完全分開，他們不能說服自己：「即使我的字寫得不好，書讀得不好，但我在父母親或師長的心裡，仍很有價值。」當一個人連自己都覺得自己不行時，哪裡還有改進缺點的力量及動力呢？

　　因此，當有事情要改善、糾正時，我們可以將注意力改放在故事的人物和他們所遇到的問題之上，而不是直接放在指責或批評孩子之上。這樣做有一個很大的好處，就是在處理孩子的問題時，不但不會傷到孩子的自尊心，還可以讓孩子感受到我們對他們的尊重，這對建立兒童的自尊感是非常重要的，能夠感受到被尊重，他們從中就能學會尊重別人。

　　故事的特點在於它能啟動人內在的心理動力，許多時候當一個人的心被嫉妒、憤怒、哀傷等具有很強摧毀力和破壞力的負面情緒捆鎖時，心裡會產生像失去自由、動彈不得的感覺；當受哀傷侵襲，絕望自會緊隨而來，再沒有能力向外發展。這時只要懂得善用故事這寶貴的資源，就能夠將捆鎖的情緒及心結解開，非常有效。

　　在剛才提到的「拼字困難」例子裡，筆者沒有將精力花在與孩子糾纏或爭論：「她為何不好好集中精神拼好那些生字？」因為在矛盾與困惑的時候，最需要的是心靈的空間，使被困的思想得以釋放。雖然筆者的小女兒當時只有六、七歲，但一個簡單的故事就可構造出她所需要的額外心靈空間，協助她走出自己的矛盾與困局。

　　「說故事」其中一個很奇妙的特質，就是將原來藏在心裡難以抒發的感受，藉由「故事」的「說」與「聽」顯露出來。這樣，孩子就更能清晰地了解自己所面對的問題，解決困難的信心也會奇妙地同時增強。

　　此外，運用故事的另一個原因是：兒童在聆聽故事時，會不自覺地把自己內心各種感覺投射到故事中不同角色身上，並暫時「存放」在那裡，直到有能力解決時，他就會再次把這些感覺提取出來，以積極愉快的態度嘗試為故事中的人物提出有用的解決方案。Sheldon Cashdan（1999）在《*The Witch must die－How fairy tales shape our lives*》裡說：童話故事把人內心各個力量的衝突幻化成故事中各種角色的衝突，幫助兒童解決心理上的緊張，使孩子安靜。

　　奇妙的是當故事裡人物的難題解決時，也就是孩子問題解決時。由於故事中的虛擬人物可以藉由虛擬法寶之助，故可以比真實情況更容易解決他當前與真實孩子面對的難題，這比要一個困

難無助的孩子直接接受自己的不足，實在容易得多。

運用故事的第三個好處，是從孩子的認知角度出發，用故事做為孩子的鏡子，協助他們認識和面對自己內心的情緒困局的方法。

有一次，一個青少年因為無法處理自己生活中的一些瑣碎小事，不禁冒起怒火，自己發起自己的脾氣來。這時筆者對他說：「我發現了一個現象，你身體裡面的荷爾蒙突然出擊，不知是否收到什麼消息，沒有通知你就出動作戰，也沒有和你商量，就作出反擊戰，迫使你束手無策，非常混亂，不知如何應付，使你感到一團糟，不是你想這樣，是荷爾蒙發生了作用，告訴你要懂得應付變化。」一瞬間，他若有所悟，頓時間也感覺到他心裡的掙扎放緩了。故事有很多妙用，在往後的篇幅，可以再一一仔細探討。

7. 運用故事中的人或物來幫助孩子建立自我

母親，是嬰兒成長過程中一個非常重要、不可或缺的人物（significant person）。然而，由於現代母親在育兒以外，還必須同時負擔許多其他額外的工作，譬如照顧家務、外出工作等，不可能隨時隨地守在幼兒身旁，這種「分離」的經驗，對幼兒來說是恐懼和不安的最大源頭。Margaret Mahler 認為幼兒與母親之間是一種「共生（symbiosis）」的關係，在這種關係下，任何分離

都會產生痛苦與不安,母親的不存在會使幼兒產生極大的焦慮。

由「共生(symbiosis)」至「分離(differentiation)」是幼兒自我建立的一個非常重要階段,當幼兒開始注意周遭的環境,開始把母親的手放開去探索周圍的世界,和不斷的練習(practicing)直至越來越獨立時,他的「自我」就開始發展出來,但分離又帶來不可避免的困難、矛盾和焦慮。

當筆者的女兒一歲多時,她不太會說話。有一次丈夫要到外地出差,女兒半夜醒來,指著爸爸原來睡覺的位置哭了起來,她不會表達,但筆者自然了解這是她幼小心靈裡,非常掛念爸爸所致。這是「共生」反應的一種,不要以為孩子還小,什麼都不懂,其實他們只是不會表達,感受卻很強烈。碰到這種情況,運用心理學上的「移情」方法,以一些玩具、手帕、奶嘴等物品給予幼兒暫時的安慰,可以稍稍減輕幼兒的不安感覺。Winnicott 稱為「移情物品」,在幼兒成長中,扮演著不可替代的角色。

在女兒成長的過程中,筆者在她的心靈世界成功創造了許多不同的故事人物,如:

(1)阿拉丁故事中神燈內的巨人 Genie,是專門與她一起玩、學習及競爭比賽的人物;

(2)小天使「丁丁」是在她需要提點、指導時,負責燃亮她腦袋的「啟智天使」;

(3)小天使「電電」是當她需要力量,補充能源時的「供應天

使」;

(4)小天使「抱抱」是當她需要支援、擁抱、體諒時的「安慰
　　天使」。

以上這些故事人物就是運用「移情作用」來疏解她的恐懼感
和焦慮感。

燈神——芒果仔的老友 Genie

童話故事中常常會出現一些「神奇物品」,它們代表的不只
是超自然產品,也同時具有幫助兒童平衡和超越強大敵人的力量。
它們可以是有形狀的實物,也可以是想像出來的東西,對於脆弱、
幼小的兒童來說,渴望受到關愛和保護,這些人物或物品有賦予
他們權力應變困難能力的作用(empowerment)。

有一次,當時是四年級的女兒因為沒有及早向老師報告關
於遺失數學簿的事,害怕被老師責備。早上起床的時候,整個
人沒有朝氣,很焦慮,臉上流露出承受非常大壓力的表情。在

前往學校的火車上,筆者開始跟她講故事,邀請了我們想像的「老友」Genie 前來幫忙,分擔她的煩惱。我借用了 Genie 也面對與她同樣的困難,Genie 也很害怕去見那位又兇又大聲的老師,但 Genie 分享了他的絕世好辦法:他帶了主耶穌賜給他的「護心鏡」一起去見老師,當他去見老師的時候,很奇怪的事情出現了,護心鏡暗地裡發出了超光波,老師突然轉變了,不像他原先想得那樣兇,還很耐心地提點他,最終把問題完全解決了。最後 Genie 將「護心鏡」送了給她(另加一個象徵性的動作)。

這樣,筆者不但將她的注意力轉移,不擺放在恐懼裡,而且還增加了她的心靈能量,女兒的心情大大地放鬆下來,她自己還對 Genie 說,她有更大的武器可以使用,那就是神的愛。當天晚上回家的時候,她的腳步輕鬆愉快,擔心、無力感完全消失了,她說她還未使用這犀利的武器,事情就解決了。

故事中的「英雄」、「超人」、「能者」、「俠士」、「智者」等角色元素,對孩童都非常有吸引力,這些角色元素可以加強孩子掌控環境的感覺,和給予孩子希望,對應付難題有相當重要的作用。

在故事世界裡,孩子可以自由投射於故事中的能者角色,即使是成年人的現實世界,當我們覺得自己渺小,問題、困難顯得

太大時，我們的心靈力量就會越縮越小；反之，當人覺得自己比問題和困局巨大時，心靈力量就會增強。

「困難感」不等同於真正的「困難」，困難感是一種主觀的感覺，可以被變大或變細，我們是可以主動地去改變這感覺的大小，而不是被動地坐在一旁等困難來壓倒我們。如果從年幼時就開始學習應付困難的經驗，自信心就可以增強。

睡眠不足，早上不願起床上學是小孩子常有的情況，也是父母最常遇到的煩惱。有一天，筆者的女兒累得無法起床，筆者深怕她因疲累而發脾氣，又來一次「大吵收場」，這時筆者走到她的床邊，用小天使「丁丁」、小天使「電電」、小天使「抱抱」三個故事人物之間的互相對話來嘗試喚醒她。我扮作「小丁丁」說：「讓我來『丁』臻臻起床吧！」小天使「電電」說：「讓我來『電』臻臻起床吧！給她精力。」小天使「抱抱」卻說：「不！臻臻很辛苦，我們要使她覺得舒舒服服的，她才會起床。」女兒果然很快張開眼睛，還說：「媽媽，明天也是這樣叫我，我就會很快起床了。」

為了糾正女兒握筆手勢不正的問題，我也找來了她的老朋友 Genie 出來幫忙，在旁邊與她一起寫字（Genie 是想像空間存在的卡通人物，只是由筆者口頭的描述使他變得生動）。

筆者說：「Genie，你看，臻臻寫字是那麼用心，你也要學她那樣用心呀！你可要注意自己的握筆姿勢哦！」

筆者跟著扮 Genie 的聲音說:「知道啦!但是,臻臻,怎樣才是正確的呢?」

女兒立刻有反應,即時改正她的姿勢,接著她就很認真地教 Genie 說:「像這樣寫,就正確啦!」

這時 Genie 說:「謝謝你的提醒,我若忘記了,記得要提醒我呀!」

接著女兒就對筆者說:「媽媽,Genie 握筆姿勢有沒有問題?」(其實她是在問筆者,她寫的姿勢是否正確。)

筆者說:「Genie 學你那樣專心,他正在一邊寫著、一邊看著你呢?你做了他的小老師喔。」她一邊寫,一邊笑咪咪的,就這樣愉快地寫完作業,並不忘保持正確的執筆姿勢。

這樣,筆者在沒有令女兒感覺到挫折的情況下,輕鬆有效地教導她正確握筆的姿勢。

衝浪要訣 18

故事人物能夠幫助孩子加強自己的能力感。

8. 運用故事來幫助孩子突破心裡的衝突矛盾

傳說莊子有一次帶學生郊遊。

他們到了山上，發現許多雄偉的大樹被砍下了，只剩一棵千年老樹屹立不倒，樹下還圍坐著一群伐木工人，莊子上前詢問：「為什麼這棵老樹千年來能逃過被砍伐的災禍？」伐木工人中的長者哈哈大笑說：「這棵老樹外表看起來雖然很健碩，裡面卻是虛材敗絮，是無用之木，砍了它也不知道要作什麼用。」莊子聽了若有所思：有用之材終不免於難，無用之材卻能頤養天年，那麼學生應如何學做無用之材呢？

在回家的路上，莊子遇見故交，邀請莊子師生一行留宿，並召喚僕人殺雞宴客，僕人問：「家有兩隻公雞，一隻會鳴，一隻不會鳴，殺哪一隻？」主人答道：「自然是殺那隻不會叫的！」莊子沉思道：會叫的雞因有用而活命，不會叫的雞因無用而遭殺害，那如何學成有用之才呢？這時學生們的面上都露出極大的迷惘，究竟是有用的好，還是沒用好？

被事情弄矛盾，不是大哲學家、大學生或是知識分子的專利，孩子也常常面對內心矛盾衝突。內心的衝突，是由內心矛盾做成的，無法從兩種各有利弊的方案裡作出一個必然的抉擇，痛苦的感覺便會油然而生。協助孩子過渡的方法，仍然是說故事，借助故事的精彩和特殊人物的參與，只要孩子的感覺被認識，他們往

往往會很願意採用你建議的方法去處理事情。

有一次，一位阿姨買了兩塊小熊曲奇餅做禮物，送給筆者的女兒和另外一位七歲的小朋友。阿姨非常聰明，兩份曲奇餅都是一模一樣，以免小孩子會引起紛爭或比較。可是，人算不如天算，那位小朋友的一塊因為不小心而裂了一半，她收到的時候感到不高興。

我的丈夫很快就覺察到那位小朋友內心的衝擊，立即建議我們的女兒與那孩子交換，作為孩子的她當然不想，臉上的表情顯示她有點不高興，覺得很不公平。這時兩個小孩你眼看我眼，雙方僵持著，氣氛極之凝重。丈夫察覺形勢不對，他出了一個絕招（想必是從筆者處偷學而來），他開始說故事：「那塊碎了的曲奇餅原來是一個藏寶地圖，裡面隱藏著一個關於寶藏的秘密。」此時孩子們的注意力給震攝住了，他接著說：「另一塊曲奇也可能有藏寶地圖在其中，找出藏寶地圖的辦法很簡單，只要把曲奇餅弄碎了，就能夠展現於眼前。」女兒興高采烈地也把本來完整的餅斷裂開來，兩個小孩原本不快樂的情緒，瞬間因為故事變得雀躍起來，並攜手一起研究「曲奇藏寶圖」的秘密。後來，她們還沉醉在神秘的古埃及故事裡，一場可能的紛爭就這樣無聲地落幕了。

　　內心衝突有時會使人窒息，教人不知如何處理，破壞力更可以擴展延伸。可是孩子與孩子間的衝突卻有它正面且重要的功能，因為這反映了孩子正在建構「自我」，孩子只有透過與別人相處，從衝突中察覺別人世界的存在與自己不同，他們才能由自我中心慢慢邁向社會中心，當中是要經歷一段漫漫長路，需要長輩許多的啟導和指引，但千萬不要強迫孩子學會放棄自己來遷就別人。理想的教導方法，並不是像許多中國父母的傳統方法──要孩子立刻放棄自己的目標、期望，而去遷就別人。我們要做的是先讓孩子感受到自己的意願被尊重，這樣他們才會學到尊重別人也是一件快活的事。父母（長輩）要做到彼此尊重體諒，和體諒尊重孩子，孩子久而久之將以此為榜樣，並很容易學會尊重別人。

衝浪要訣 19

故事說得出神了，連孩子的內心矛盾感覺也可以一併化解。

聽故事也有技巧的

　　既然故事人人愛聽，人人愛說，那就必須懂得如何聽和如何說。溝通不只是著重說，也著重聽，說和聽是同等的重要。沒有聽故事的人，說故事者就會毫無趣味，也毫無意願去說。試想，妻子想告訴丈夫她的需要，但丈夫卻無心聽，只顧著看電視、滑手機，她就會收回說的意願；孩子告訴母親他的需要，但母親卻無心聽，只是不停地做家務，那麼孩子就會收回說的意願。

　　「聽」和「說」是一對雙生姊妹，兩者互相關連，聽有助於說，聽得越豐富，說得也會越豐富；說得越精采，聽也會聽得越投入。

8-1　聽孩子說「他們的生活故事」的技巧

1. 聽的藝術

　　我們如何表現出我們聽的熱忱？首先，要注意下列的聽者守則：

　　⑴別匆匆插嘴。孩子說的時候，不要急著回答，否則對方的思路就會被打斷，轉移變成回答你的問題，這樣他就無法

再說下去，無法完成他原本想要告訴你對事情的感受。

(2)偶而發出表示你在聆聽的信息，如點點頭，眼神注視，面部表情、聲音如「呵」「哦」等就可以。

(3)透過回應參與，鼓勵孩子繼續說。

(4)知道有你的存在，非常重要。

無論他說什麼，都要細心聆聽，直到你覺得自己聽到他訊息的要點。然後再以迴響（echo）的方式覆述你聽到的重點，有時即便做最簡單的「八哥式」直接重複孩子所說的內容也無所謂，孩子知道你有心繼續聆聽，他們就會主動地繼續說下去。

聽者守則

舉例說：有一天，在放學的途中，筆者的女兒忘記把在學校借出的圖書帶回家，當她發現的時候已身處火車上，只有等到明天才能拿回書，這時她感到十分憂心，還不停重複地說：「我忘記我那本書。」不停重複說著這句話，她沒有能力表達內心憂慮的感受。

　　於是透過回應，筆者告訴她聽到了她的心聲，筆者這麼說：「忘了把書拿回家，很不開心。」她應道：「媽媽，我忘了把書拿回家，很不開心。⋯⋯我忘記我那本圖書。」筆者接著回應：「忘了把書拿回家，很擔心書會不見了。」她跟著說：「媽媽，我擔心明天回學校時，書會不見了，我惦著那本書。」筆者進一步回應：「你很想現在就回到學校拿書，但這又是件不可能的事。」她說：「媽媽，我希望明天早一點到學校。」靠著聽和說的技巧，筆者協助女兒將感受用準確和豐富的表達方式表達出來，從而分擔了她不少的憂慮。

　　這樣，透過用不同的回應說話，不但有助兒童繼續說心裡的事，也同時解開了小孩的困擾。

　　當完成以上的所有階段後，我們跟著才正式開展言語互動或故事互動的過程。這個時候發出問題會比較合適，在問問題的過程裡，會帶給孩子思維及心情上很多的啟發。一位好的聽眾（或觀眾）是會積極表現他正在參與，包括講出他聽後的反應。一位聆聽者的回應參與可以包括的項目：

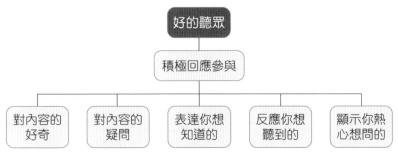

「好聽眾」的參與方式

孩子說的意願是可以培養的，我們聽的動機越濃烈，孩子說的興緻也越豐富，從中你就可以聽到許多關於你孩子的訊息，有些需要即時協助，有些代表分享，可以自己好好揣摩，這是一道放諸四海皆通的金科玉律。

圖表 9　聽的藝術

第一：別匆匆插嘴	(1)孩子在說他們的經歷時，不要急著說你想說的。 (2)不要急著問詳情。 (3)不要急著問結果。 (4)不能兩個人同一時間在說。
第二：偶而發出表示你在聆聽的信息	作最簡單信號的回應，可以運用非語言的信號，如點頭，注意的眼神，面部表情、聲音如「呵」「哦」等。

第三：透過重複語句回應參與，鼓勵孩子繼續說	(1)重複是孩子學習的方法特徵。 (2)作最簡單信息重述的回應。即使像「八哥式」簡單重複孩子所說的內容也無所謂，初步表達出你很專心地在聽。 (3)用更精細而豐富的語言回應，更有助孩童在表達方面的模仿與學習。
第四：知道有你的存在	(1)作為聽眾的感受。 (2)對內容的好奇。 (3)對內容的疑問。

衝浪要訣 20

保持熱忱，創造想像，可以幫助你繼續留心聆聽兒童所說的故事。

2. 把意思聽出來

對非輔導或心理學本科的家長來說，要達到有效果的聆聽本來就不容易，再加上孩子有些信息是沒有從顯性的語言直接表達出來，要聽出其中的信息來，就更加困難。但我們仍然可以通過反覆的練習，及採用細心和耐性的「聽故事」心理程式去傾聽，就算聽得不太準確，但仍然會是極之有效的不二法門。此外，下

面所列的方法，相信亦會幫助你達到更有效傾聽的目標，當孩子
與你談話時，必須非常清楚地知道他所發出信息的種類，能夠先
聽出話裡陳述的類型，幫助你能更有效地聆聽。

(1)要聽出孩子心裡的想法。他心中有什麼期待，他話裡作了
　　什麼推論或假設，他們用什麼態度、表情、神情跟你對談。
　　比如有天孩子放學回家，對你說：「老師今天罰了很多同
　　學，但沒有罰我。」你就要專心分辨他的意思是要告訴你：
　　「因為我乖，所以老師沒有罰我。」還是「今天我很幸運，
　　沒有被老師罰」、或者是「這個老師罰得很公平，上課時
　　我沒有跟同學交談，所以老師沒有罰我。」

(2)要聽出孩子信息的中心目的。說話的背後是希望逃避責任、
　　害怕面對、表示會不怕失敗和再接再厲，還是希望獲得你
　　的認同、肯定、建議、同情、指引、饒恕、幫忙、支援、
　　讚賞，或希望取消及延後有關工作、給予額外獎勵，還是
　　純粹要你明白他的感受等。

(3)要聽出孩子在事件中曾做過什麼行動。如：他向對方提出
　　了反對、提議，卻沒有被接納，或者被罰得更重，或者被
　　接納，使得受影響的人都獲得平反或更好的對待；他們在
　　事件中做了些什麼？或沒有做什麼？這些都很關鍵，每一
　　個反應都代表他的心理成熟程度和他的處事作風，從中就
　　可以知道孩子的處境、心理狀況，進而提供相應的輔導方

法或準備擬述的故事人物及故事發展大綱。

(4)聽孩子訊息中的感受。他們對事件有何感覺,包括他們的喜怒哀樂等方面的情緒,是覺得開心、驚險、恐懼、焦慮、害怕、愉快、厭惡,替別人高興,還是替別人感到不值或擔心?他對所經歷的事有何感受?

說話前凡事都要多想想:他為什麼要向媽媽、爸爸、老師、同學、朋輩說呢?他有什麼想法?他為什麼要向你說而不是向其他人說呢?為什麼他選擇將這個片段在此時、此地告訴你?他是想與你分享他的新發現、新驚喜,還是有其他寄望?這些對如何繼續對話都很重要,可以好好地習慣和留心。

話說有一位全心全意投入工作的醫生,他的兒子對他說:「當我長大以後,我要做一個『病人』」孩子解釋道:「如此一來,我就可以一個星期看到我的爸爸五次了。」醫生聽完兒子的話後,不禁沾沾自喜地跟周圍的朋友說:「就連我兒子也想當我的病人,由我來替他診治。」

這位醫生非常沉醉於他在工作上的成就,想著說著,正在為以為孩子是因為有這樣一個成功的父親生出驕傲心情之際,竟絲毫沒有聽出孩子的心聲:「我想多看到你,只有做你的病人時才可以天天見到你。」這是多麼的可惜啊!

要學會聽出講者的信息,才能進一步了解自己應作何種回應,

親密的關係才得以持續進深發展。

圖表 10　聽出意思來

重　　點	意　　思	思　　考
第一：聽出孩子心中的想法	他心中有什麼期待： (1)他的話裡作了什麼推論或假設？ (2)他們用什麼態度、表情、神情跟你說述有關事件。	(1)他有什麼想法？ (2)他怎樣理解這件事？ (3)他後面有什麼假設？ (4)他怎樣看自己的表現？ (5)他怎樣看自己的行為？
第二：聽出孩子訊息中的目的	希望獲得什麼？ (1)你的認同、肯定、建議、同情、指引、饒恕、幫忙、支援、讚賞 (2)希望取消及延後有關工作、給予額外獎勵 (3)還是單單明白他的感受就已經足夠	(1)他是在肯定還是否定？ (2)他有什麼期望？ (3)他想我們有什麼回應？ (4)他們有什麼要求嗎？

第三：聽出孩子訊息中他曾做過的行動	他們在事件中做了些什麼？或沒有做什麼？ (1)每一個反應都代表他的心理成熟程度及他的處事作風 (2)從中你就可以知道孩子的處境、心理狀況 (3)從而提供相應的輔導方法或準備擬述的故事人物及故事發展大綱	(1)他想做什麼？ (2)他正在做什麼？ (3)他做了些什麼？ (4)他沒有做什麼？
第四：聽孩子訊息中的感受	他們對此事件有何感覺，包括： (1)他們的喜怒哀樂等方面的情緒 (2)他是覺得開心、驚險、恐懼、焦慮、害怕、愉快、厭惡、替別人高興 (3)還是替別人感到不值或擔心？他對所經歷的事有何感受？	(1)他的感覺怎樣？ (2)他的心情如何？

講故事同樣有技巧

　　作為成年人，聽過了無數的故事，要說故事相信一點也不會困難，只要有系統地了解，然後多思考和練習，再不斷地改良和發掘就可以了，下面筆者整理出協助成人向孩子說故事的一些方法。

9-1　多用數字

　　幼童最初的數學概念來自數目字，最有興趣的就是數數字。許多童話故事都不約而同地運用了數字，數字是童話故事裡的重要元素，如：《伊索寓言》中的〈三個手藝人〉、〈兩隻口袋〉、〈兩個鑣〉；格林童話裡的〈三個紡線的女孩〉、〈狼和七隻小羊〉、〈十二個兄弟〉；托爾斯泰寓言故事中的〈三個問題〉、〈兩個兄弟〉；還有〈白雪公主和七個小矮人〉、〈三個願望〉等故事中，這些數字好像魔術似的，不但容易記憶，而且容易銘刻在孩童的心上。

　　下面這個〈九十九頂高帽子〉也是一個與數字有關聯的故事，這個故事不但能使人留下深刻的印象，更能帶來許多的反思，是

講授人際關係課時，與學生一同反思的好素材。

人們通常把當面奉迎人叫做「送高帽」。話說古時候有一個人考中進士後，在京城做官。京城像他這樣的小官實在太多了，他看看沒什麼前途，就想辦法到地方上當官。任命下來後，他跑去向老師告別。

老師做過地方官，叮嚀他說：「地方官不好當，你今後凡事要特別小心，不要隨便得罪人。」

這個人說：「老師請放心吧！我已準備了一百頂高帽子，這樣就不會得罪人了。」

老師一聽就生氣的說：「一個人最重要的是為人正直！我最討厭的就是送高帽子，奉迎別人！」

學生說：「學生知道，像老師這樣正直做人，才是最緊要。」

老師聽了高興地回說：「正確。」

這個人從老師家出來後說：「我的帽子只剩下九十九頂了。」

看，數字是不是給了你很深刻的印象呢！做生意的商人，把二百元價錢標籤成一百九十九元，客人的感覺就會不同，不足二百元的標價對顧客會更有心理效果，這種心理效果在講故事時也

會起魔術性效用。有一些數字能夠誘使人們努力去達到目標，如一百分、第一名等，可以善用，就如讓孩子參與協助故事中的主角努力不斷地爭取比賽分數或者與故事中的人物比賽，都會增加孩子學習的意向。

孩子很喜歡自己的生日日期、入學日期、在學校的座位編號、家裡的電話號碼、自己居所的門牌、自己穿的鞋子碼數等，這些都充滿紀念性，是個人的身分性特徵，具有關係性的意義，用這些數字做題材，孩子會覺得特別有趣。比方說：找尋藏寶圖的密碼，打開心靈之門的暗號，只有這個生日的孩子才能把迷宮之門打開等，都會吸引孩子的興趣，特別是在雙方互動的故事裡著實有效。

也有某些數字對人有特定的感覺，例如搬新家的日期、畢業日期等，孩子都很喜歡用，能夠運用數字奇妙的特性，對孩子就更有效用。下面是筆者使用數字來化解困局的例子：

女兒在幼稚園時，有一次回家後，她仔細的告訴筆者：「小朋友要專心聽老師的話，因為她只說一遍；我們同時也要清楚地向她報告，因為她只聽一次。」老師的這個教導，她牢記在心了。

女兒升上二年級後的一個早上，她不經意地應用起這個原則來。小朋友在她這個年齡，一旦學了某種原則，就會努力遵

守，甚至固執難變，特別是老師的教導。那天早上她還沒睡夠，就被逼拖著疲倦的身體去上學。途中，筆者發出一個她不太喜歡的建議，雖然她接受建議，但是她臉上和說話語氣都流露出不悅的神色。

筆者企圖去修正剛剛的建議，於是對女兒說：「媽媽的建議是可以修改的，你可以表達自己意見的。決定了的事若是有需要，還是可以修改的。」

可是女兒的煩躁並未能因此平息，還狠狠地說：「我只說一遍，我只聽一遍。」（在憤怒的情緒下，彷彿她給自己扣上無形的枷鎖和咒語，使自己困在矛盾裡）若繼續在這個火藥味極濃的氣氛下對話，母女之間很容易產生衝突，帶來不悅的結局。

於是筆者便運用輔導上學到的智慧，對她說：「對呀！你只能聽一遍和說一遍，不過，媽媽卻可以說三遍、聽三遍。而且，我還有一張王牌給幫我拿東西的人用，拿了這張王牌的人，就可以說多一遍和聽多一遍。你想不想要張王牌呢？」

這下子情節突然轉換，使她的狀態也扭轉了。她點頭後就立刻幫筆者拿東西，然後很釋然地繼續原先的對話。

你說這是不是一種很奇妙的方法，Piaget 提出「延後模仿（deferred imitation）」的觀念，就是指一個活動或經驗的模仿往往會

在活動發生後數小時或數天後才發生，小孩在該活動或經驗發生很久之後，也能模仿該活動，這是一個很有趣的現象，當有困難時，不妨試試用數字去解決。筆者運用了數字給女兒解困，相信這方法日後也成為她解困的參考模式，再次產生延後模仿作用。

9-2 多用手邊工具

要習慣隨時運用手邊的物品說故事。

女兒上了小學二年級、三年級後，還是需要較長的睡眠時間，每天早上要她起床時，總要費九牛二虎之力，但她老是賴床不肯起來，因此時常發生爭執和不愉快，筆者明白這是因為她沒有足夠的睡眠，作為母親，心情非常矛盾，明知她真的很疲倦，但卻深怕她上學遲到。有個早上，筆者用了一個新的招數。

筆者隨手拿著她床邊的麥嘜布娃娃註，然後假裝麥嘜的聲音，在她耳旁輕輕說：「我是麥嘜導遊，要帶小朋友去夢幻樂園，想去的小朋友可要穿好衣服，跟我坐上夢幻號列車，準備出發。」

她帶著還未完全睜開的眼睛，對筆者說：「麥嘜、麥嘜，不要丟下我！」

註《麥嘜》系列故事是一套香港漫畫，故事主要圍繞一頭卡通豬麥嘜為主。

　　筆者扮作麥嘜說：「一定、一定。」然後她的臉上展露笑容，很快就預備好上學的狀態。

　　接著她告訴筆者：「媽媽，明天也要這樣叫我起床喔。」

　　另外一個週末的早上，五年級的女兒正在做數學作業，做久了感到很沉悶。當時，筆者正忙於準備工作上的事情，女兒的反應促使筆者必須把工作放下。這時筆者靈機一觸，說了個故事：

　　我說：「我是ＹＹ公司的謝總經理，正準備請一位會計主任幫我們做帳，不知閣下有沒有興趣呢？」

　　女兒說：「好啊！要做些什麼？」

　　筆者隨手拿起女兒手旁的數學作業說：「就是這七條算式。你可要在十分鐘之內完成，不知道妳有沒有把握呢？」

　　女兒立即點頭，接過自己的數學作業，便立刻回到她的書桌上繼續做作業。這時，筆者自然可以繼續自己的工作了。不到一會兒，女兒便走進來告訴筆者：「謝總經理，這七條算式已經做好了，請您查閱。」

　　筆者接著說：「何會計，你的效率非常高，公司打算升你做副經理，不過，公司將會有一個更大的工作要完成，你有沒有信心完成呢？（這時筆者突然假裝要聽電話）請稍等。」

　　「喂！Ｘ公司，你好……有個大 Project（工作），沒問題。」

「何會計，可以嗎？」

她立即回應：「好啊！沒問題。」

「這裡要再完成二十條算式，可要在廿分鐘之內完成喔！」

女兒馬上回答：「OK！沒問題。」

果然她就在預定時間內完成了所有的數學作業。你說，故事的妙用，不是很神奇嗎？筆者自己也感到越說越興奮。

何主任與她的數學

眼前或手上任何一樣東西，都能成為可用的工具和故事的元素，因為生活本身就是種種不同的故事：垃圾桶的自述、一雙鞋子的遭遇、神奇火車站等，都有許多發揮的空間可以考慮，只要故事一開始，孩子往往就能想像出你從未想到過的故事結局。

衝浪要訣 **21**

保持講故事時的興奮，發揮創意、出奇制勝、
讓孩子參與，皆有助於講故事者的投入興趣。

9-3　多用象徵符號

Piaget 將符號（symbols）與標誌（signs）區分為：特殊而個人的表徵稱為符號，及一般性習慣溝通的表徵稱為標誌。成年人有許多不同的標誌以便溝通，而孩子卻能創造出許多非常豐富的可塑符號。

隨著兒童年齡日長，他們會減少使用特殊符號（symbols），而改用傳統標誌（signs）的習慣會開始增加，這意味著兒童正在擴展他們的溝通能力，然而從只運用個人的表徵（symbols），到大家接受的符號（signs）的轉變過程並不簡單，這個過程非常微妙，反映他們認知能力的轉變，是質量的漸變。

二到七歲的孩子，非常善用特殊的表徵（symbols），這種能力有時叫大人非常驚訝。一枝竹竿已有非常豐富的象徵符號，它可以幻化成火車大炮，瞬間可變成小火車，精彩絕倫，成人經過生活的蛻變，許多時候已不明白這豐富符號的轉變了。

在說故事的素材中，筆者經常運用孩童善於理解的符號功能。女兒在一年級時，剛開始小學生活，有許多事情要適應，對她來說，要應付每二星期一次的默誦，這並不簡單也很吃力。有一次，筆者看出她正為應付當天的默誦而感到壓力，筆者於是運用了「象徵物」，在上學前筆者替她梳理頭髮，並在頭上為她戴上一個心型的髮夾，然後用輕鬆的語調對她說：「媽媽送你一個神奇聰明髮夾，如果你擔心會忘了拼過的英文字，只要你用手按一按聰明髮夾，就會更有力量應付困難。」她用小手一按，很有信心地說：「多謝媽媽！」

9-4　多用具象徵性的虛擬或真實人物

筆者在女兒二至八歲期間，在她的心靈中創造了許多不同的故事人物，目的是使她的情感世界更加豐富及更有情味。這些人物素材有些是借重新改造童話故事人物；有些是用現代的故事人物再行潤色；有些是運用兒童的想像力與當時的需要全新創造出來。這些故事人物是筆者與女兒之間的好朋友，每個人物都個性鮮明，可以隨時邀請他們出來幫忙解決事情，特別在有困難、矛盾的時候，筆者會讓他們在我的故事裡出現，用來幫助紓緩女兒緊張或不愉快等負面的情緒。不但如此，他們也是筆者和女兒關係中一種獨有的聯繫，一提到這些人物時，我們就能心照不宣，是母女之間感情聯繫的「不傳法門」。這種心靈的空間是幫助孩

子傾注感情的最佳地方,感情有了依托,孩子就不會感到孤單無助。

　　還記得香港九七回歸那年,筆者一家三口為了親身體驗回歸祖國的滋味,背著背包,攜著還不足五歲的女兒一起到北京嗅嗅國家的土壤氣息,並特別登上萬里長城,尋找作為中國人的感覺。女兒剛開始時還充滿著興奮的心情踏

芒果仔上長城

上那數不完的階梯,不料, 只走了十多級,這小孩的能量突然消失得無影無蹤,她蹲下來不願動(當然是希望大人「抱抱」),但要抱一個四歲多的小孩走樓梯,實在很累人,小娃娃的重量已不輕,再加上自己並不是訓練有素,筆者真怕捱不到長城城樓頂段,而「做不到長城好漢」!就在此時,筆者靈機一動,開始說故事了。

　　筆者的手假裝拿著電話,說:「喂!喂!你是 Genie(這是我為她創造的故事裡的好朋友,是阿拉丁神燈中的巨人),你在哪裡?我們現在在萬里長城外,準備入城。對呀!勇仔很勇敢,現在已爬上第十級了,怎麼?你怕辛苦,走不動?待我

請勇仔跟你說吧。」

女兒跟著很微妙地接上了這故事，扮演勇仔的角色，拿著電話說：「Genie 不要放棄，加油！我已上到第二十級啦！」說著，她像裝了超級馬達似的，很快地向上爬。那些階梯可有她三分之二高，差不多到了她的胸口那麼高，可是在 Genie 出現的鼓動下，女兒是那麼地有活力，一點怕或累的感覺都消失了。

女兒邊走邊問筆者：「媽媽，Genie 現在在哪裡？」

筆者說：「他只走了十級，你比他快了十五級。」

她繼續走。過了一會，女兒又問：「現在呢？」

「他只走了二十級，你比他快了三十級。」

過了一會，她又問：「現在呢？」

「他只走了廿五級，你比他快了三十五級。」

結果她爬到了長城頂，很豪氣地在我上面二十級的地方對我說：「我快過 Genie 了！Genie，你要加油啊！」當然，這時的 Genie，就是那個上氣不接下氣，像螞蟻般移動著的媽媽。女兒的爸爸也向筆者說：「你的故事真行，Genie，加油啊！」他也在學善用故事象徵人物了。

9-5 多用暗喻表達，少用直接對質

對不同的孩子要用不同的方法，這是許多兒童工作者、父母都知道的事，對男孩和女孩的方式更不一樣。不過，無論是男孩、或女孩；是難應付或是一般的孩子，運用暗喻的方式是非常有效的。

一個大男孩怒氣沖天卻不說理由，顯然他經歷了一個很大的委屈。此時，稍一碰觸他，他一定會「火」力四射，不小心處理憤怒的情緒，便會牽連更廣，好像火山爆發一樣，一發不可收拾。運用故事說法、暗喻或象徵的手法，會減低可能的殺傷力，而且可以與他的內心對話：「這輛堅固而實力型的重型貨車被撞成這個樣子，一定很慘，它曾經是多麼豪氣而顯眼！但現在卻有人撞壞了它，使它再沒什麼用了。有時候自己盡了力，卻不被認同時，也有這種感覺……」

特別面對男孩子的內心世界，男孩的成長及社化歷程與女孩不一樣，要接觸他們的感情內在會更困難，順應他們的習慣把感情比做實物的傾向，把情感轉移到安全無生命的外部空間去，對協助他們處理澎湃的、但又不易流露的情緒，是非常有效的。例如：把男孩的經歷改編成一部電影、故事，會更易於與他們溝通和交流，他們需要我們協助把他們的感情與外在世界聯繫在一起，孩子在進行情感表達時的表現需要更加「具體」。

　　對一個沒有自控能力，或者對一個有沉溺行為（如電視、網路遊戲等）的孩子，要協助他擺脫沉溺的活動，不是靠父母在旁邊不停的督促，而是要發展出內在的自律行為，跟他們說一個馴獸師訓練猛獸的故事，或總司令訓練小兵的故事，會更容易打開孩子的心扉。「馴獸師」對「猛獸」一定有他的一套辦法，不過這是一個絕技，不易為人所知，每當「馴獸師」向「猛獸」發出一個暗號，猛獸就會受到制伏了。這時，留給孩子一些自己探索自己需要的空間，會比直斥其過的影響來得持久和實在。

9-6　選取孩子熟悉但又有點陌生的素材

　　馬克吐溫曾說過：「如果你想用鐵鎚來敲一些東西，那有很多東西看起來都像釘子。」意思是說：只要你想，周圍都是可用的素材，俯拾皆是。

　　對孩子說故事，可以考慮運用孩子自己熟悉的素材來做故事的骨架，再加上帶點陌生的元素，這樣孩子就可以比較容易運用他們的聯想，去理解故事中的妙趣。以下是一個「手到拿來」的例子，在講述這個故事之前，先為大家分解講述這故事背後的法則，然後再為大家演繹出這個故事：

⑴**故事核心──蛋撻**：是孩子日常生活中熟悉的或喜歡的食物，由它來串連整個故事，是故事的主角，可以將「蛋撻」比擬成一個人物、或者其他趣味的東西。

⑵**故事脈絡**：故事的足跡是走遍十二條街，去尋找「蛋撻」。

⑶**故事的規則**：每條街都買不到心目中想要的「蛋撻」，但是卻可以找到很多新奇、意想不到、出人意表的「蛋撻」。例如孩子可以發現到有「蛋撻」形狀、或「蛋撻」味的東西。你要定出一個故事變化的規則，這規則可是要孩子可以預測到，但又不完全知道的就更富戲劇性。你要知道，熟悉但又有點陌生的素材，對孩子來說的吸引力很大，如果素材全都是孩子熟悉的，會引不起他們的興趣；是孩子全然陌生的，他們又會掌握不到整個故事。所以我們要在熟悉的元素裡來點陌生事物，使孩子更易迷醉在故事裡。例如：擁有多樣化蛋撻形狀的東西（如：蛋撻形文具、玩具、日用品、家具）；蛋撻的款式層出不窮：有大有小，有各種水果材料的蛋撻（木瓜、西瓜、芒果等），「便宜、漂亮、好吃」是基本的，若是加上新鮮熱辣、還有「甜」、「酸」、「苦」、「鹹」，孩子一定未嘗過，亦很渴望見到。光是想起來，就令人感到興奮。

⑷**故事場景**：手到拿來。

以下是我講述這故事的經過：

有一次早上起來，筆者準備帶女兒回學校，因為沒有足夠時間所以來不及喝牛奶，孩子嚷著要吃「蛋撻」，而且要馬上

吃，幼童的特性就是願望要立即達成。可是這時我倆卻已在火車上，去哪裡找蛋撻呢？於是，筆者不得不又要開始說故事了。

這時，筆者以女兒想要的蛋撻為素材，運用她豐富的想像力，帶她去蛋撻街買蛋撻：

這次，我們來到了第一條蛋撻街，到處想找蛋撻，蛋撻街一定會買得到蛋撻。「看！前面有一家店，好像有蛋撻啊！待我們走過去看看。咦！有趣極了！這店的大門好像一個大蛋撻，我們快往裡面去。你看，有許許多多蛋撻形狀的家具，有蛋撻床、蛋撻桌、蛋撻櫃、蛋撻椅、蛋撻化妝台，還有蛋撻洗臉盆、蛋撻水龍頭，可是卻沒有我們想要吃的蛋撻。」

「讓我們到第二街看看，希望可以找到我們想吃的蛋撻。看！前面那家店，好像有賣蛋撻啊！我們趕緊進去看看。咦！真有趣！這家店的外形像個巨型蛋撻，讓我們進到裡頭看看，嘩！這裡有許多玩具啊！蛋撻娃娃、蛋撻火車、蛋撻槍、蛋撻積木、蛋撻頭小狗，還有蛋撻小船，可是還是找不到我們想吃的蛋撻，真惱人！」

「讓我們到第三街去碰碰運氣，希望可以找到我們想吃的蛋撻。看！前面那一家店，好像有賣蛋撻啊！待我們進去看看。咦！有趣極了！這是一家文具店，讓我們進去看看，嘩！

有許多文具啊!蛋撻鉛筆、蛋撻尺,蛋撻剪刀、蛋撻彩色筆,還有蛋撻圖畫紙,為什麼老是找不到我們想吃的蛋撻。」

女兒越聽越入神,這時她的想像力也發揮了出來,臉上綻開了笑容,眼睛張得大大的,看著她的神情,筆者不禁越說越起勁。

故事就這樣繼續說下去,第四、五……條街,火車終於到站了,我們也可以到真正能買到蛋撻的餅店買蛋撻了。故事發展到這裡,你看,不用威迫利誘,問題就這樣解決了,筆者母女之間也因為買蛋撻的故事,又增加了一份深厚的共同經歷,這故事也增加了女兒的創意思維。故事的趣味比起只吃一個蛋撻,或中途下站買蛋撻,或禁止她再說吃蛋撻的效果和價值來得更高。

女兒吃過蛋撻後,拉著筆者的手說:「媽媽,繼續講呀!」

善用故事舖陳,可以有利故事的說講。

新派巨形蛋撻電視機（加點聯想）

圖表 11　結構中的故事

	意　思	舉　例
故事核心	找一個故事核心，串連整個故事。	蛋撻。
故事脈絡	故事依循的路徑。	到蛋撻街買蛋撻，由第一條街到第二十二條街去找蛋撻。
故事的規則	定出一個故事變化的規則，是孩子可以預測到，但又很有興趣想知道的。	每條街都買不到想要的蛋撻，但是看到的東西都是那樣的新奇，完全在意料之外、出人意表、奇特而意想不到。
故事場景	都是手到拿來，可以孩子當下所處的環境。	火車上、上學途中。

9－7　選述自己的個人經歷

　　Milton Erickson認為每個人的經歷都是豐富的，他相信我們都是終身學習者，而生命就是一種探險。許多動人的故事背後不是因為靠迂迴曲折的情節才引人入勝，而是說故事者用他們生命裡有血有肉的經歷來觸動孩子，讓孩子進入他們的生命歷程裡，產生共鳴。

　　我們每個人自己都有許許多多的經歷，這些經歷或許只是一道道零碎的片段，或許是生活裡的小插曲，但卻滲透著我們整個人生。對小孩子說我們的經歷，讓他們分享我們走過的路，會使他們很快地累積點點滴滴的人生經歷。筆者在女兒的成長過程裡，試著將自己的經歷分成不同的篇章，成為故事的骨幹，對女兒講述。包括：

(1)**我的青春期篇**：分享成長階段的掙扎，為孩子將要走的人生階段作出指引。

(2)**我的輝煌一頁**：分享父母的成就，和努力得來的成果，鼓勵孩子只要努力就會有成果。

(3)**我的糗事篇**：透過自己身上發生過的糗事，用輕鬆的角度去面對不如意的事。

(4)**我的失敗史**：讓女兒知道失敗乃兵家常事，父母親也不例外，關鍵是能否記取失敗得來的教訓。

(5)**我的每日一篇**：曾經有一段時間，早上醒來，筆者都會與女兒躺在床上談天說地，筆者教她要自我反省，一方面筆者做女兒的鏡子，從欣賞開始，筆者觀察到女兒的進步；另一方面，教她反省自己一天所做過的行為、表現，教她學習去理解自己的努力、自己的觀察、和自己的感受等。

(6)**我的家庭歷史系列**：孩子愛聽父母及其原生家庭的經歷，很想知道多一點關於自己家族背景的事蹟，告訴孩子家族

的事也是很好的故事素材。透過說故事，父母、上一代家庭的正確價值觀和人生觀，可以傳遞到下一代，讓孩子能夠成熟長大，對周圍的世界有更多的了解，也藉此改善親子關係（Godbole,1982）（cited in Brems 2002, p. 272）。Pellowski（1990）認為說故事、童話、寓言、傳說的其中有很重要的目標，就是將價值觀和知識傳遞開來（cited in Brems 2002 p. 272）。

(7) **孩子自己的事件簿**：孩子除了想知道關於父母經歷的故事之外，也很喜歡聽關於自己幼年時的故事和生活片段，特別是他們已忘了的事。八歲的孩子很愛聽他自己六歲以前的事蹟，十二歲的孩子對自己八歲的「威風史」，也會很感興趣。

Kohut 的自體心理學（Self-psychology）提到個體自我成長有一個很基本的需要：孩子需要鏡子以知道自己的模樣，和知道別人是如何的看他。父母給孩子反映他們的特性，會使孩子認知到自我形像，缺乏鏡子的孩子（Mirror-hungry personality）會極渴望被關注，甚至成為被關注的中心，和想知道別人如何看自己。

每個故事的講述背後，若傳遞著的是父母的關愛和積極傾聽孩子背後的需要與想法，如此，孩子就能繼續彰顯自己的獨特性，並能確立自己的價值。當我們描述孩子幼年的趣事、可愛的表現、獨特的反應，他們就會很實在地體驗到自己被重視，自己的價值

會也因此形加重。

圖表 12　用經歷做故事的素材

你的青春期篇	分享成長階段的掙扎，為孩子將要走的人生階段作出指引。
你的輝煌一頁	分享父母自己的成就，由努力得來的成果，鼓勵孩子只要努力就會有成果。
你的糗事篇	透過糗事的出現，用輕鬆的角度去面對不如意的事。
你的失敗史	讓他們知道失敗乃兵家常事，父母也不例外，關鍵是能否吸收由失敗得來的教訓。
你的每日一篇	談天說地，每日做自我反省。
你的家庭歷史系列	孩子愛聽父母及其原生家庭的經歷，很想多知道一點，告訴孩子關於家族的事，是很好的故事素材。
孩子自己的事件簿	孩子也很喜歡聽關於自己幼年時的故事，生活片段。

9-8　多用異想天開的奇幻情節

　　兒童的思維形態，根據 Werner 的研究，特別是幼童，他們的記憶主要是景象重現（eidetic imagery）。因此形象鮮明、色形突顯的圖像特別能吸引孩子：小孩子很快會注意到麥當勞的標緻，看見色彩斑斕的玩具就會嚷著要看；同樣，看見可怕的女巫動畫

就會非常恐慌，即使關了電視他們也會繼續驚叫，女巫仍會從電視機裡走出來，只因為他們的記憶是活生生的圖像。

兒童的知覺意識與成人不同，這也影響他們體驗的重要因素。孩童是整個人去聽和看，每種新的事物，如杯、碟、棍子、玩具車都可以變成有生命、動態、有反應的「朋友」。採摘花兒，他會感到「很痛」；不帶「玩具熊」上街，它會很傷心；「風哥哥」會將快樂吹向乖孩子。世界上的一切事物都充滿感覺，他們看到的一切都可以帶有感情。

孩子是非常容易與外在世界聯繫和融合，沒有界線，他們接受暗示，非常容易接受刺激，如果能夠運用孩子豐富的景像思維，父母對孩子的影響力絕對大過那些玩具商人，關鍵是父母、老師們是否注意和用心去運用這些特點。比方說：當孩童經過玩具店時，他會被可愛的玩具車吸引住，叫嚷要停下來看，不願意走。這時候做父母的，不必用成人的角度來理解孩子：他又鬧彆扭要買玩具了，家裡已有很多玩具，他只玩一、兩次就不玩，所以不要再買了。於是必須要帶他馬上跟大人走，這時孩子肯定會不願意，賴著不走，不知不覺地，一場世紀角力戰又發生了，結果不是在鬧僵下使力地把孩子抱走，就是買下玩具給孩子。

其實，孩子不是要那種「成人的擁有感」，「孩子的擁有感」是可以超越時空，做父母的如果能夠馬上運用「說故事」這條金鑰匙，問題就很會迎刃而解。

「喂！車車，你好嗎？我們是特地來探訪你的！你叫什麼名字？哦！……喔！乖乖，他告訴我他是『威威小警車』，是這家玩具店的『掌門人』，他的任務是要保護其他玩具，絕對不能善離職守。」

「『威威小警車』我們很感謝你能盡忠職守，你要繼續保護其他的玩具啊！我們有空再來探望你。寶貝，我們跟『威威小警車』說再見。」「拜拜！」

當然，如何說故事，必須考慮孩童的年齡、興趣、注意力及當時的情境，不能一概而論。面對年紀較大的孩子，我們可以用大孩子有興趣聽的語言，比如有一天，筆者和兩個較大的孩子說了一個很有趣的故事，他們一個五年級、一個國一。筆者知道他們剛看過諸葛亮的傳記，於是就順著這題材說了一個故事，目的是要提升他們的動力、趣味，同時也要借此啟發他們的創意。故事是這樣的：

你們知道嗎？這個故事在歷史書上是找不到的，只有我跟你們倆才知道（他們知道筆者正在創作故事，可是仍然很有興趣想知道，特別是那個國一的男孩，他剛開始時在裝小老頭，一副不會像小孩子般幼稚想聽故事的模樣，但筆者的引言卻誘發出他的好奇和專注），這是一個諸葛亮收徒弟的故事。

話說司馬懿請了一個西方的科學家（是瓦特和愛迪生的親

戚）來中國，他發明了一個有磁力的盾牌，可以與諸葛亮的草船借箭計謀有異曲同工之妙，可以吸住所有的箭，可是這盾有一個漏洞（筆者隨口問他們是否知道漏洞在那裡，孩子是喜歡有互動、可以參與的。）一個「小伙子」發現了這個漏洞：磁力盾不能吸住木箭（這是其中五年級的小孩一邊聽，一邊加入回應的結論）。司馬懿邀請他加入，但「小伙子」說：「我是忠的，不幫奸人和壞人。」因此拒絕了他。

　　「小伙子」與他的大哥「大伙子」去請求諸葛亮收他們為徒。諸葛亮說自己年紀大了，不會收徒弟，拒絕了他們。後來「大、小伙子」再次拜會諸葛亮，並說讀過他草船借箭、空城計、木牛流馬的故事，諸葛亮仍是拒絕他們拜師的要求。再後來「大、小伙子」第三度到訪，「小伙子」說：「劉備可以三顧茅廬，我們也可以三顧茅廬請求做你的徒弟，如果你不應允，那可很不公平了！」（這對話是按著他們的回應而設計的。）諸葛亮見「大、小伙子」如此聰明，就答道：「好！果然是才智過人，不過，我還是不會收你們為徒弟，我只要你們做我的好兄弟！」

　　故事情節簡單並不複雜，卻能夠吸引孩子的注意力達半小時之久。筆者邊說故事、邊溫習歷史、邊創作，自己也覺得很興奮，他們也分享了快樂。當然，這個故事說完後，他們立刻追問是不

是還有其他的野史可以告訴他倆。

　　能多運用孩子的幻想力,不只可以培育他們的創意,使他們更喜歡親近你,有些時候說故事時加上戲劇效果,會使孩子更容易投入,於是藉由創意塑造出了更多的可能性,孩子的創意就會被鼓勵,並發展出來。新想法的出現其實是信心的表現,只有有信心的人,才敢把新的想法說出來,孩子的創意,不管是否有邏輯或是否合理,都需要被肯定;被肯定的感覺對孩童信心的建立非常重要。所以,說故事要善用異想天開的情節,藉以啟導孩子的創意。

9-9　用不同角度去重新講同一個故事

　　著名作家馬克吐溫教學生尋找寫作素材的方法,就是在同一條路上每天重複,又重複地來回觀察,果然,每一次都有不同的新發現。

　　很多父母親都會注意到:孩子,特別是幼童,有一個相同的表現,他們可以重複地玩一個遊戲,重複地看一本書,而不會覺得悶。對幼童而言,這個重複是很重要的學習步驟,重複的素材不一定等同是悶的素材,口傳故事生動的地方就是每次都可以有不同的演繹,即使是同一個素材,不同的重點,不同的講述方法,在孩子成長的不同階段裡,都能發揮不同的效果。

　　作為父母親或兒童工作者不需要太擔心沒有足夠的故事素材,

舉例說：〈狼來了〉是一個家喻戶曉的故事，如果將故事的角度轉換，就已經可以產生無數的新素材，他們將嶄新地出現在孩子的眼前。比如：

　(1)從狼的心理角度去講述；

　(2)從山上牧人的心理角度去講述；

　(3)從說謊孩子的心理角度去講述；

　(4)從羊的心理角度去講述等，都會有不同的味道；

　(5)再演變下去，八歲的牧童、十二歲的牧童和十六歲的牧童，
　　都有許多不同的心理反應和想法上的差異。

　看！這不是很有趣的故事材料嗎！筆者相信就連說故事的人自己也會越說越興奮，創造的喜悅和滿足是非常奇妙的。

　下面是另一則故事例子，是關於小鳥翠兒學飛、找食物的故事。這是一次筆者給女兒說故事的經驗，筆者當時感到做一個雙職的母親實在很疲倦，於是創作了這個故事，借用百靈鳥小姐在旁邊看到的感受，去闡述鳥媽媽如何教小鳥翠兒學飛的辛苦，和小鳥翠兒學飛的掙扎過程。故事中帶出做母親的辛苦，教導孩子的苦心和勞累，孩子雖不能了解，但鳥媽媽仍然堅持下去。一方面，筆者借用故事舒洩自己的疲累，如果筆者直接將教女兒的矛盾心情向她申訴，女兒不但不會明白，而且會覺得媽媽在怪責她。相反，透過說故事來教育孩子，她會很用心去聽，而且很明白小鳥兒母親的艱辛。另一方面，筆者透過故事表達了明白孩子所面

對的學習困難,進一步肯定做孩子的學習動機,想試但又害怕,鳥媽媽不停鼓勵鳥兒如何克服困難,而「小鳥翠兒」最終也學會飛翔。

有些時候,筆者發現直接鼓勵支持的方式,對正在面對壓力的孩童不一定有效,反而有可能讓孩子增加更大的壓力。比方說:「努力點,你一定行的。」或「用心就可以做到,要踏出第一步。」接受鼓勵的人,可以有不同的理解,就是「我用心了,但是我就是踏不出第一步。」對於感到困難的孩童來說,他們的恐懼和焦慮,只有「鼓勵」是不足以叫他們發力的。故事卻可以幫助他們放鬆,減輕壓力。

用間接的辦法、運用故事,來催化孩子情緒,接觸他們的內心,與他們內在的不同部分接觸,包括掙扎、矛盾、恐慌溝通等,將信息灌溉到孩子的心靈裡,他們就可以慢慢地自然成長,這也是講故事的一大好處。

9-10 引入視覺、聽覺、觸覺等多元感官接觸元素

每個孩子都是獨特的,越認識自己孩子的特性,就越能提供合適他們的教育方法,不同性格的孩子,吸收的方式不盡相同。

孩子若屬於「視覺型」,他們喜歡以圖像、文字、影像、和具像的事物來吸收資訊,並作出思考,孩子對圖像特別敏銳,對

這類孩子說故事，最好加進更多視覺元素，如具體的玩具娃娃、畫紙、圖畫書等工具，邊說邊畫，邊說邊舖排場景，並加強臉部表情等，這些都會加強孩子的吸收力和趣味。

孩子若屬於「聽覺型」，他們則喜歡喜歡傾聽和訴說，喜愛音樂，只需聲音就能感受事物，聲線的變化、節奏感的配合會加強他們吸收和反應。

孩子若屬於「觸覺型」，行動將非常快，不太善於思考，只能理解來自經驗過的事情，透過身體的動作和觸摸，都會加深他們的學習印象和注意力。

因此，在說故事的過程中，要注意加入適當的視覺、聽覺、和觸覺的元素，以大大增加孩子的注意力、興趣和反應。

CH 10 總 結

在教養孩童的路上,無論遇到什麼困難,我們必須牢記:孩子始終是孩子,不是大人,我們的能力和經驗都比他們多。我們要協助他們成為有能力解決問題的孩子,而不是協助孩子知道自己是「問題小孩」。因此,我們的目標是要協助他們從問題中走出來,而不是使他們被反困在問題中。

相信讓孩子「成為解決自己問題的專家」,比我們要做處理孩子問題的專家更重要,因為孩子會負責和管理好自己的問題,我們的任務是增加孩子建立面對問題的「能力感」,在思想區域裡先打開孩子相信新的可能性的想法,採取輕輕鬆鬆、沒有壓力的方法幫助他們驅動前行,匯聚內心的正能量,面對困難。

能不能與孩子溝通,最大關鍵在於我們能否將思想頻率調校到跟他們一致,這才能準確收音,獲得清晰的信息。運用說故事的語調、心情、耳朵、狀態和多元的演繹方式,再配合運用聽故事的技巧,定能建築一個與孩童相處的安全平台。有「故事感的溝通模式」特別適合用在跟孩子相處之上,不僅要強調型式,還要有那種「聽」和「說」故事的感覺;不只是要為達到某些目的而對話,更要注重過程性的經驗、接觸和體會。這樣,孩子就會

喜歡與我們相處、談話。

　　孩子心靈世界的塑造，有賴大人輸入何種資訊和元素，給他們多說不同的故事，開展他們的眼界，一旦孩子的好奇心被啟動了，求知慾就會同時澎湃起來，自我啟動已被引導的前進動機。

謝　辭

本書能與讀者再見面，必須多謝「大地塘鵝兒童暨家庭發展中心」眾人的全力支持。

感謝 何蔭泉博士在本書的平面色彩設計及內容修訂上，提供了他寶貴的意見。謝謝何臻璞為本書創畫封面、封底及書中插圖，令本書增加動感與活潑。

誠摯感謝國立陽明大學社區健康照護研究所 許樹珍教授、台北市康寧國小 張素花校長、台北市大安區大安國小 黃志成校長，熱心共同推薦本書。

特此鳴謝。願各位讀者能透過書中分享的知識、故事及經驗的點滴，為生活帶來新的洞見及能量。

謝佩芝

誌於二零一七年七月

CH 12 心理及輔導參考書目

1. Adamo, S.M.G., & Rustin, M. (Eds.) (2013). *The Tavistock Clinic Series*: *Young Child Observation*: *A Development in the Theory and Method of Infant Observation*. London, GB: Karnac Books.

2. Baldwin, M. (1994). Why observe children？ *Social Work Education* 13 (2), 74-85.

3. Berk, Laura E. (2003). *Child Development*. Pearson Education.

4. Boszormenyi-Nagy, I., & Krasner, B. (Eds.). (1986).？ *Between give and take*: *A clinical guide to contextual therapy*. New York: Brunner/Maze.

5. Bowen, M. (1978). *Family therapy in clinical practice*. New York: Aronson

6. Brems, C. (2002). *A Comprehensive Guide to Child Psychotherapy*. (2nd ed). USA: Allyn & Bacon.

7. Bretherton, I., & Munholland, K. A. (1999). Internal working models in attachment relationships: A construct revisited. In J. Cassidy & P. R. Shaver (Eds.), *Handbook of attachment*: *Theory, research, and clinical application* (pp. 89-111). New York: Guilford Press.

8. Fabes, R., & Martin, C. L. (2000). *Exploring Child Development ─ Transactions and Transformations*. Boston: Allyn & Bacon.

9. Fawcett, Mary (2009). *Learning Through Child Observation* (2nd ed.). London: Jessica Kingsley Publishers

10. Feeney, S. (2001). *Who am I in the lives of children？ An Introduction to Early Childhood Education*. Columbus, Ohio: Merrill Publishing Co.

11. Framo, J.L. (1992). *Family-of-origin therapy*: *An intergenerational approach*. New York: Brunner/Mazel.

12. Frankl, V. E. (1992). *Man's Search for Meaning*: *An introduction to logotherapy* (4th ed.). Boston: Beacon Press.

13. Freeman, J. & Epston, D. & Lobovitis, D. (1997). *Playful Approaches To Serious Problems ─ Narrative Therapy with Children and Their Families*. NY: W. W. Norton & Company, Inc.

14. Freud, A. (1951). Observations on child development. *Psychoanalytic Study of the Child*, 6, 18 ─ 30.

15. Hughes, F. P. (1999). *Children, Play and Development*. Allyn & Bacon

16. Isaacs, S. (1930). *Intellectual Growth in Young Children*. London: Routledge.

17. Isaacs, S. (1933). *Social Development in Young Children*. London:

Routledge.

18. Johnson, J. H., Rasbury W. C. & Siegel, L. J. (1997). *Approaches to Child Treatment: Introduction to Theory, Research & Practice* (2ⁿᵈ ed.). Needham Heights, MA: Ally & Bacon.

19. Kahneman, D., Slovic, P. & Tversky, A. (Eds.) (2001). *Judgment Under Uncertainty: Heuristics and Biases*. USA: Cambridge University Press.

20. Lerner, Richard M. (2002), *Adolescence-development, Diversity, context, and application*. Canada: Pearson Education.

21. Malle, B. F. (2011). Attribution theories: How people make sense of behavior. In Chadee, D. (Ed.), *Theories in social psychology* (pp. 72-95). Wiley-Blackwell.

22. Mindes, G., Ireton, H. & Mardell-Czudnowski, C. (1996). *Assessing young children Albany* : Delmar Publishers.

23. Monterssori, M. (1982). *The Secret of Childhood*. New York: Ballantine Books.

24. Nisbett, R. E. & Wilson, T. D. (1977). The Halo Effect-Evidence for Unconscious Alteration of Judgments. *Journal of Personality and Social Psychology*, 35 (4), 250-25.

25. Orton, G. (1996). *Strategies for Counseling with Children and their Parents*. (4ᵗʰ ed.). NY : Brooks/Cole Publishing Company.

26. Smith, C. & Nylund, D. K. (Ed.) (1997). *Narrative Therapies with Children and Adolescents.* NY: The Guildford Press.

27. Teglasi, H. (2001).*Essentials of TAT and Other Storytelling Techniques Assesment,* New York: John Wiley & Sons, Inc.

28. Thomson-Salo, F. (2014) (Ed). *Infant Observation : Creating Transformative Relationships.* London: Karnac Books.

29. Trawick-Smith, J.y (2003), *Early Childhood Development-A Multicultural Perspective* (3rd ed.). USA: Pearson Education.

30. Walsh, J. (2003). *The Art of Storytelling,* Moody Publishers

31. Wenar, C. (1994). *Developmental Psychopathology : From Infancy through Adolescence* (3rd ed.). N.Y.: McGraw-Hill.

32. Wicks-Nelson, R. & Israel, A.C. (2003). *Behavior disorders of Childhood* (5th ed.). USA: Allyn & Bacon.

33. Winton, C. (2003). A. *Children as Caregivers---Parental & Parentified Children.* USA: Pearson Education.

34. 劉壽懷譯(1996), Gottman, J.& DeClaire,J.合著,《怎樣教養高EQ小孩》, *The Heart of Parenting － How to raise an Emotionally Intelligent Child* 台北：時報文化.

35. 廖世德 譯(2001).White, M. & Epston, D.著,《故事‧知識‧權力》, *Narrative Means to Therapeutic Ends,* 台北：心靈工坊.

36. 張美惠 譯, Goleman, D..著 (1996),*EQ,Emotional Intelligence,*台

北：時報文化.

37. 李丹 (主編) (1998).《兒童發展》,台北：五南.

38. 李淑珺譯 (2001), Cashdan, Shaldon 著,《巫婆一定死——童話如何形塑我們的性格》*The Witch Must Die—How Fairy Tales Shape Our lives*,台北：張老師文化.

39. 林正文 (著) (1993).《兒童行為觀察與輔導——行為治療的輔導取向》台北：五南.

40. 林美珍 編著 (1996).《兒童認知發展》,台北：心理.

41. 王文科 編譯（1996.Phillips, J. L. Jr.原作;《皮亞傑式兒童心理學與應用》,*Piaget's theory,a primer*,台北：心理.

42. 陳厚愷 譯（2004）, Zeig, J.著,《艾瑞克森：天生的催眠大師》*Experiencing Erickson － An Introduction to the Man and His Work* 台北：心靈工坊.

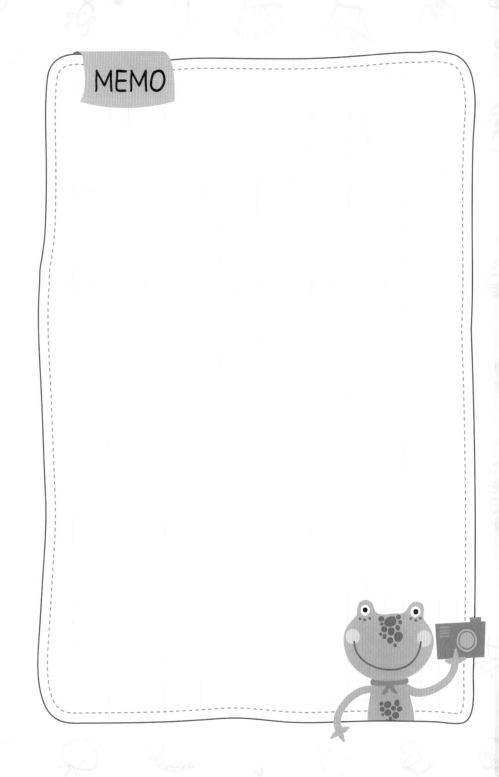

MEMO

MEMO

啟蒙孩子的高EQ工作坊

為您量身打造簡易神奇的高EQ教養術

教養真是件辛苦的事兒，教養得好更是不易啊！

您是否曾～

➤ 因教養問題與孩子劍拔弩張、情緒不佳？

➤ 羨慕別人為何能管教出一個勇敢善良，有遠見、有毅力，勇於
面對困難和挑戰，又善於與人溝通相處的小孩子？

➤ 對孩子吵鬧、頂撞、叛逆、沒有學習動力、自信心及社交能力
低落、抗壓力不足、憂鬱，總是覺得力不從心，擔心孩子會有
攻擊他人或是自殺的行為？

《咔噠！我用故事開啟
了孩子的世界》作者謝佩芝博士
以正統心理學分析引證，量身打
造不同於坊間的**高EQ教養課程**，提供家長們學習高人一等
的教養能力，利用了解孩子的**成長心理特性、工具之解
說及應用**，加上不容錯過的**家庭生態**學等三階段學習，透
過溝通來改善孩子的情緒與行為問題，孩子任何的小小情
緒，都不容忽視！

您一定不能錯過謝佩芝博士
為您量身打造的高EQ教養術！

希望提升自身價值及
能力的老師或兒童
工作者／成年人

冀望教養出有
競爭力優秀
孩子的父母

不願意或已被
教養孩子影響
情緒的父母

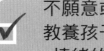
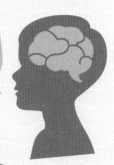

啟蒙孩子的高EQ工作坊

大地塘鵝兒童暨家庭發展中心

(02)8913-5901

服務信箱：service@d-plus.tw

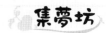

咔嗞！我用故事開啟了孩子的世界

出版者●集夢坊
作者●謝佩芝
封面／插畫設計●何臻璞
印行者●華文聯合出版平台
總顧問●王寶玲
出版總監●歐綾纖
副總編輯●陳雅貞
責任編輯●蔡秋萍
美術設計●陳君鳳
排版●王芋崴

國家圖書館出版品預行編目資料

咔嗞！我用故事開啟了孩子的世界／謝佩芝 著
-- 新北市：集夢坊出版，采舍國際有限公司發
行
2017.11 面； 公分
ISBN 978-986-94538-8-2（平裝）
1. 親職教育 2. 說故事

528.2 106019445

協辦單位●大地塘鵝兒童暨家庭發展中心

台灣出版中心●新北市中和區中山路2段366巷10號10樓
電話●(02)2248-7896　　　　　傳真●(02)2248-7758
ISBN●978-986-94538-8-2　　出版日期●2017年11月初版

郵撥帳號●50017206采舍國際有限公司（郵撥購買，請另付一成郵資）
全球華文國際市場總代理●采舍國際 www.silkbook.com
地址●新北市中和區中山路2段366巷10號3樓
電話●(02)8245-8786　　　　　傳真●(02)8245-8718

全系列書系永久陳列展示中心
新絲路書店●新北市中和區中山路2段366巷10號10樓　　　電話●(02)8245-9896
新絲路網路書店●www.silkbook.com　　　華文網網路書店●www.book4u.com.tw

跨視界・雲閱讀 新絲路電子書城 全文免費下載 silkbook○com